Einstern

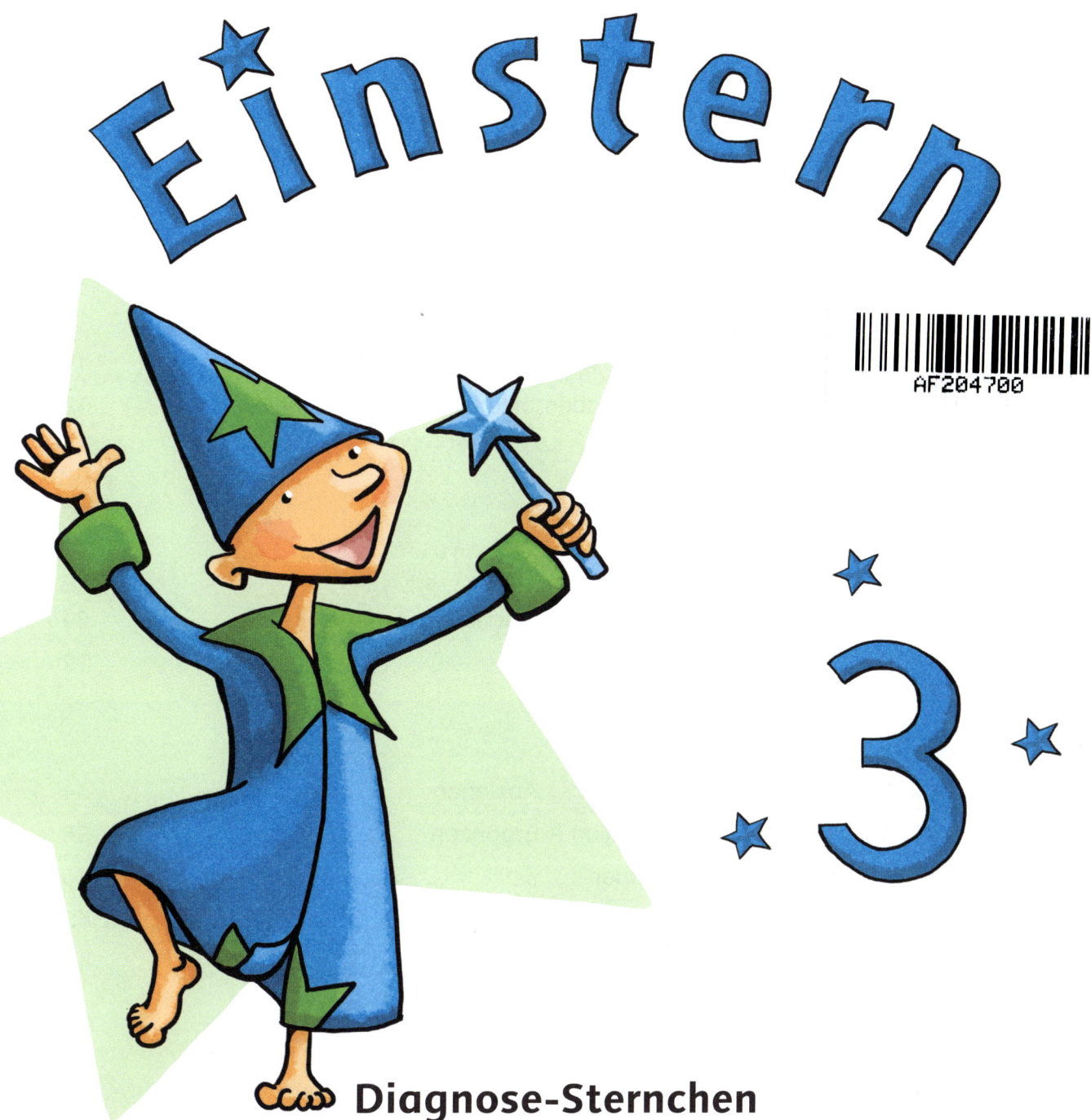

3

Diagnose-Sternchen

⭐ Lernstandsdiagnose zu den Themenheften 1 bis 4
⭐ Selbsteinschätzung ⭐ Feedbackbögen

Erarbeitet von Roland Bauer und Jutta Maurach

In Zusammenarbeit mit der Redaktion Mathematik Grundschule

Cornelsen

Inhaltsverzeichnis

1 Bestimme für jedes Bild die Anzahl der Hunderter, Zehner und Einer.
Schreibe in eine Stellentafel und als Zahl.

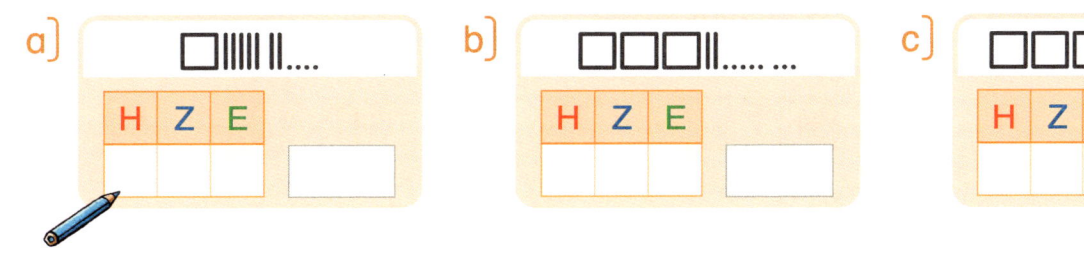

2 Zeichne die passenden Bilder und schreibe die Zahlen auf.

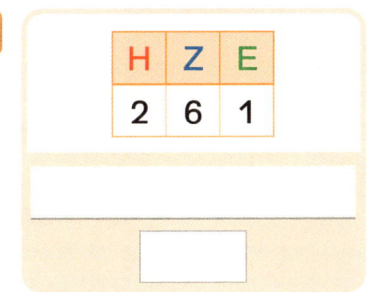

3 Schreibe die passenden Plusaufgaben. Bestimme die Zahlen.

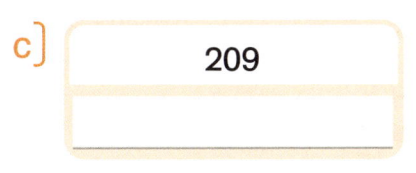

4 Schreibe die dargestellten Zahlen auf.

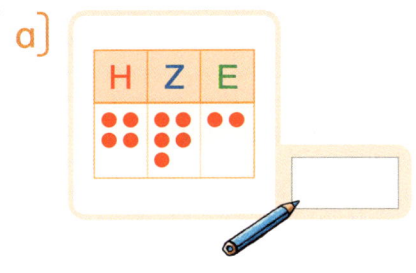
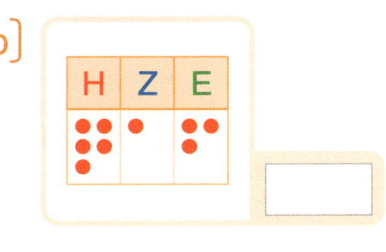

5 Zeichne, wie du die Zahlen mit Plättchen legen kannst.

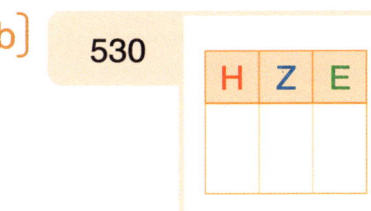
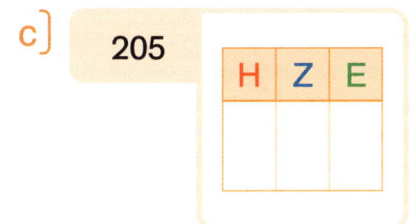

6 Zeichne in alle drei Stellentafeln die Zahl 526 mit Plättchen.
Streiche in jeder Stellentafel an einer anderen Stelle ein Plättchen durch.
Schreibe auf, welche Zahl dann entsteht.

7 Schreibe die Zahlwörter als Zahlen.

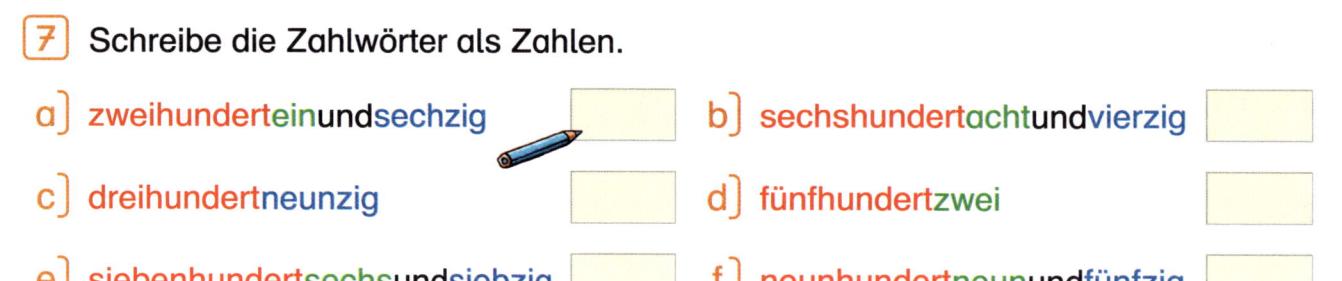

a) zweihunderteinundsechzig ☐   b) sechshundertachtundvierzig ☐

c) dreihundertneunzig ☐   d) fünfhundertzwei ☐

e) siebenhundertsechsundsiebzig ☐   f) neunhundertneunundfünfzig ☐

8 Schreibe die Zahlen als Zahlwörter.

a) 825 _____

b) 149 _____

c) 407 _____

d) 630 _____

9 Setze mit diesen Karten Zahlen aus Hundertern, Zehnern und Einern zusammen.

600   300   90   50   7   2

a) Setze vier Zahlen zusammen.
Schreibe sie als Zahl und als Zahlwort auf.

Datum: _____

13

Aufgabe	Kompetenz	sicher	meist	teil-weise	noch nicht	Bemerkungen
1	Bildlich dargestellte Zahlen in der Stellentafel und als Zahl notieren	○	○	○	○	
2	In der Stellentafel vorgegebene Zahlen bildlich darstellen und notieren	○	○	○	○	
3	Zahlen in unterschiedlichen Darstellungen in Additionsaufgaben übertragen	○	○	○	○	
4	Mit Plättchen in der Stellentafel dargestellte Zahlen erkennen und notieren	○	○	○	○	
5	Zahlen mit Plättchen in der Stellentafel darstellen	○	○	○	○	
6	In der Stellentafel mit Plättchen vorgegebene Zahl nach Vorgabe verändern	○	○	○	○	
7	Zahlwörter in Zahlen übertragen	○	○	○	○	
8	Zahlen als Zahlwörter schreiben	○	○	○	○	
9	Unterschiedliche Zahlen aus vorgegebenen Hundertern, Zehnern und Einern bilden und als Zahl und als Zahlwort notieren	○	○	○	○	

So hast du bei diesem Thema im Unterricht gearbeitet:

Arbeitsweise: ○ selbstständig ○ konzentriert ○ genau

Unterstützungsbedarf: ○ häufig ○ gelegentlich ○ nie

Arbeitstempo: ○ langsam ○ angemessen ○ zügig

Zusätzliche Bemerkungen/Tipps:

Datum: _____

5

1 Suche die Zahlen und schreibe sie auf.

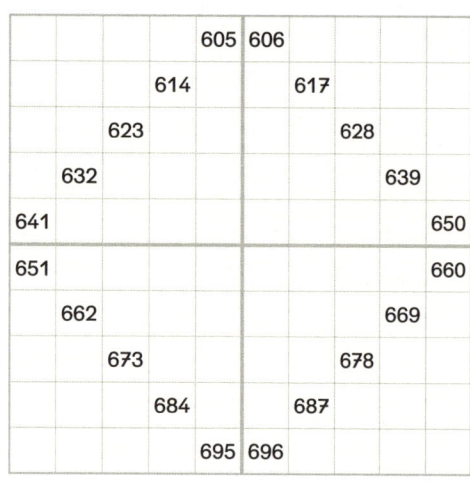

a) Direkt links von 605 steht [   ] .

b) Direkt unter 662 steht [   ] .

c) Direkt über 695 steht [   ] .

d) 5 Kästchen rechts von 684 steht [   ] .

e) 3 Kästchen links von 650 steht [   ] .

f) 7 Kästchen über 678 steht [   ] .

2 Trage die markierten Zahlen ein.

a)

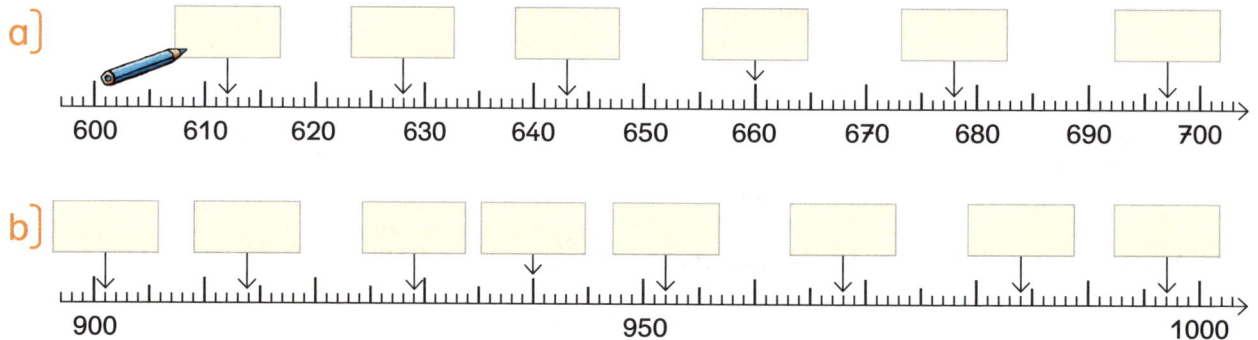

600 610 620 630 640 650 660 670 680 690 700

b)

900   950   1000

3 Trage die Nachbarzehner ein.

a)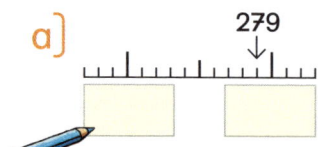
279

b)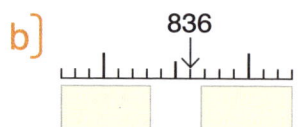
836

c)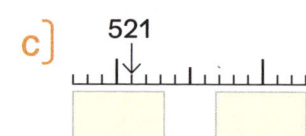
521

4 Überlege, welche Zahlen markiert sind. Trage sie ein.

a)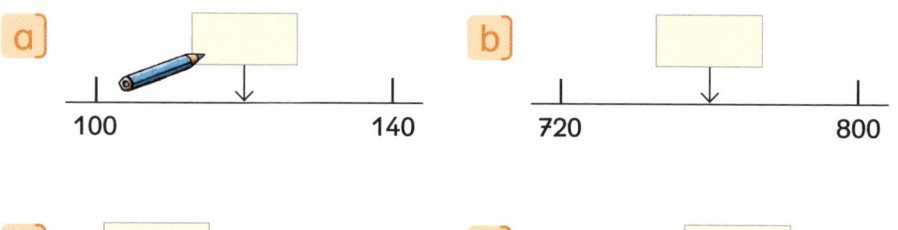
100   140

b)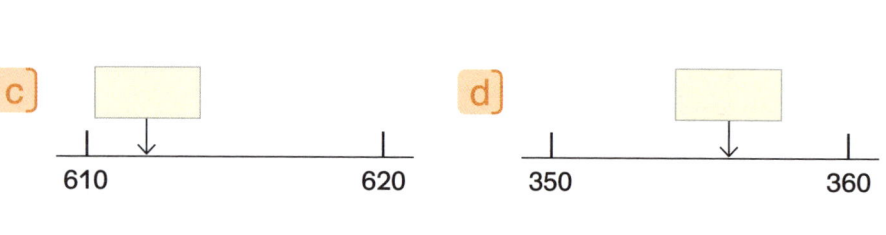
720   800

c)
610   620

d)
350   360

Datum: _____

5 Bestimme Vorgänger und Nachfolger.

a) [ ] 264 [ ]   b) [ ] 751 [ ]   c) [ ] 109 [ ]

6 Bestimme die Nachbarhunderter.

a) [ ] 873 [ ]   b) [ ] 695 [ ]   c) [ ] 323 [ ]

7 Setze die Zeichen <, > oder = passend ein.

a) 686 ◯ 445   b) 465 ◯ 534   c) 824 ◯ 842   d) 751 ◯ 751

8 Setze passende Zahlen ein.

a) 736 > [ ]   b) 814 = [ ]   c) 429 < [ ]   d) 386 > [ ]

9 Ordne die Zahlen der Größe nach.

a) Beginne mit der kleinsten Zahl.   b) Beginne mit der größten Zahl.

403	304	413	431

[ ] < [ ] < [ ] < [ ]

568	658	586	685

[ ] > [ ] > [ ] > [ ]

10 Setze die Zahlenfolgen fort.

a) | 734 | 744 | 754 | | | | | | 824 |

b) | 563 | 553 | 543 | | | | | | 473 |

11 Ergänze die Zahlenfolgen.

a) | | | 382 | 482 | 582 | | | |

b) | | | 921 | 931 | 941 | | | |

Datum: _____

Aufgabe	Kompetenz	sicher	meist	teil-weise	noch nicht	Bemerkungen
1	In einem Ausschnitt aus der Tausendertafel fehlende Zahlen nach vorgegebenen Positionsbeschreibungen finden	○	○	○	○	
2	Am Zahlenstrahl Zahlen ablesen und notieren	○	○	○	○	
3	An Zahlenstrahlausschnitten Nachbarzehner bestimmen und notieren	○	○	○	○	
4	Am Zahlenstrich dargestellte Zahlen ermitteln und notieren	○	○	○	○	
5	Vorgänger und Nachfolger zu vorgegebenen Zahlen bestimmen	○	○	○	○	
6	Zu vorgegebenen Zahlen die beiden Nachbarhunderter bestimmen	○	○	○	○	
7	Zahlen vergleichen und passende Relationszeichen einsetzen	○	○	○	○	
8	Bei Zahlvergleichen passende Zahlen ergänzen	○	○	○	○	
9	Zahlen der Größe nach ordnen	○	○	○	○	
10	Zahlenfolgen fortsetzen	○	○	○	○	
11	Zahlenfolgen vorwärts und rückwärts ergänzen	○	○	○	○	

So hast du bei diesem Thema im Unterricht gearbeitet:

Arbeitsweise: ○ selbstständig   ○ konzentriert   ○ genau

Unterstützungsbedarf: ○ häufig   ○ gelegentlich   ○ nie

Arbeitstempo: ○ langsam   ○ angemessen   ○ zügig

Zusätzliche Bemerkungen/Tipps:

Datum: _____

1 Schreibe zu den Bildern Plusaufgaben.

a)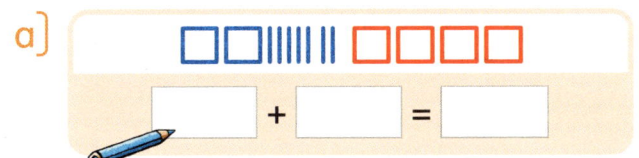

☐ + ☐ = ☐

b)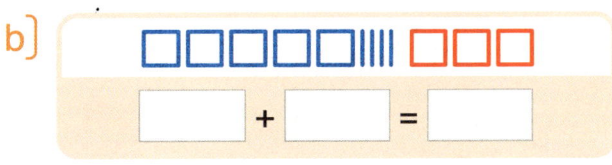

☐ + ☐ = ☐

c)

☐ + ☐ = ☐

d)

☐ + ☐ = ☐

2 Finde und löse zuerst die kleinen Aufgaben.

a)
60 + 20 = ☐
63 + 20 = ☐
☐ + ☐ = ☐
163 + 520 = ☐

b)
☐ + ☐ = ☐
☐ + ☐ = ☐
☐ + ☐ = ☐
448 + 230 = ☐

3 Löse die Aufgaben. Schreibe deine Rechenschritte auf.

a) 245 + 430 = ☐
☐ + ☐ = ☐
☐ + ☐ = ☐

b) 657 + 310 = ☐
☐ + ☐ = ☐
☐ + ☐ = ☐

4 Löse die Aufgaben. Schreibe deine Rechenschritte auf.

a) 425 + 34 = ☐
☐ + ☐ = ☐
☐ + ☐ = ☐

b) 346 + 52 = ☐
☐ + ☐ = ☐
☐ + ☐ = ☐

5 Löse die Aufgaben. Rechne mit deinen Rechenschritten im Kopf.

a) 533 + 25 = ☐
471 + 17 = ☐

b) 242 + 35 = ☐
617 + 42 = ☐

c) 853 + ☐ = 869
726 + ☐ = 778

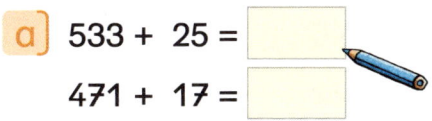

Datum: _____

6 Schreibe zu den Bildern Minusaufgaben.

a)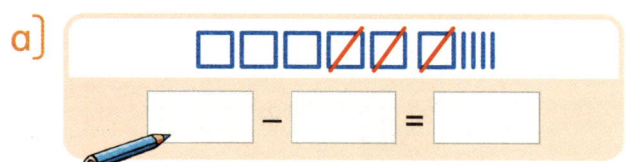

☐ – ☐ = ☐

b)

☐ – ☐ = ☐

c)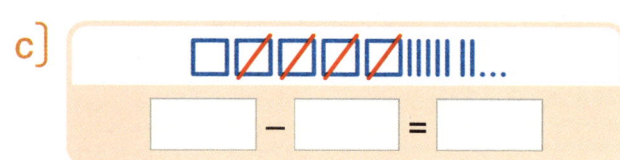

☐ – ☐ = ☐

d)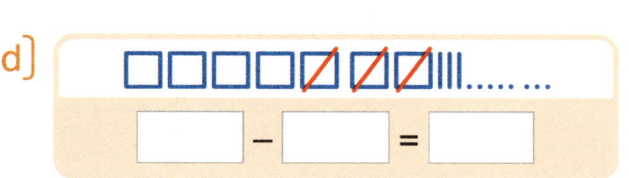

☐ – ☐ = ☐

7 Finde und löse zuerst die kleinen Aufgaben.

a)
60 – 30 = ☐
64 – 30 = ☐
☐ – ☐ = ☐
564 – 230 = ☐

b)
☐ – ☐ = ☐
☐ – ☐ = ☐
☐ – ☐ = ☐
987 – 420 = ☐

8 Löse die Aufgaben. Schreibe deine Rechenschritte auf.

a) 655 – 140 = ☐
☐ – ☐ = ☐
☐ – ☐ = ☐

b) 892 – 360 = ☐
☐ – ☐ = ☐
☐ – ☐ = ☐

9 Löse die Aufgaben. Schreibe deine Rechenschritte auf.

a) 755 – 34 = ☐
☐ – ☐ = ☐
☐ – ☐ = ☐

b) 596 – 53 = ☐
☐ – ☐ = ☐
☐ – ☐ = ☐

10 Löse die Aufgaben. Rechne mit deinen Rechenschritten im Kopf.

a) 368 – 42 = ☐
739 – 26 = ☐

b) 685 – 61 = ☐
874 – 33 = ☐

c) 446 – ☐ = 414
962 – ☐ = 920

Datum: _____

11 Löse die Aufgabenreihen. Setze die Reihen fort.

a)
$152 + 40 =$ ▢

$152 + 240 =$ ▢

$152 + 440 =$ ▢

▢ $+$ ▢ $=$ ▢

▢ $+$ ▢ $=$ ▢

b)
$868 - 520 =$ ▢

$768 - 420 =$ ▢

$668 - 320 =$ ▢

▢ $-$ ▢ $=$ ▢

▢ $-$ ▢ $=$ ▢

12 Die Lindenbergschule veranstaltet im Juni ein großes Sommerfest.

a) Finde eine passende Rechnung (R) und Antwort (A).

G: Es besuchten 225 Erwachsene und 330 Kinder das Sommerfest.

F: Wie viele Besucher waren es insgesamt?

R:

A:

b) Die Eltern haben auf dem Schulhof und im Schulgebäude Getränke verkauft. Die Verkaufszahlen haben sie in einer Tabelle notiert. Ergänze die Tabelle.

	Verkauf auf dem Schulhof	Verkauf im Schulgebäude	insgesamt
Orangensaft	35	152	
Apfelsaft	42		176
Limonade		105	266

c) Finde eine eigene Frage (F), Rechnung (R) und Antwort (A) zur Tabelle in Aufgabe b).

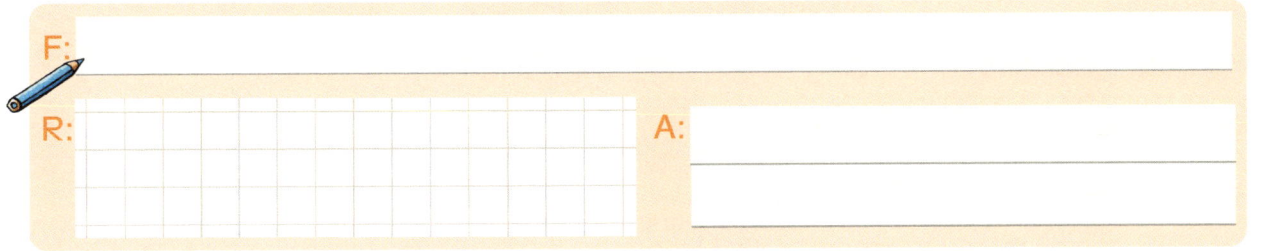

F:

R:

A:

Aufgabe	Kompetenz	sicher	meist	teil-weise	noch nicht	Bemerkungen
1	Rechenbilder in Additionsaufgaben übertragen	○	○	○	○	
2	Verwandte Additionsaufgaben finden und als Rechenhilfe nutzen	○	○	○	○	
3	Additionsaufgaben mit Hundertern und Zehnern in Schritten lösen und Rechenschritte notieren	○	○	○	○	
4	Additionsaufgaben mit Zehnern und Einern in Schritten lösen und Rechenschritte notieren	○	○	○	○	
5	Additionsaufgaben mit Zehnern und Einern im Kopf lösen	○	○	○	○	
6	Rechenbilder in Subtraktionsaufgaben übertragen	○	○	○	○	
7	Verwandte Subtraktionsaufgaben finden und als Rechenhilfe nutzen	○	○	○	○	
8	Subtraktionsaufgaben mit Hundertern und Zehnern in Schritten lösen und Rechenschritte notieren	○	○	○	○	
9	Subtraktionsaufgaben mit Zehnern und Einern in Schritten lösen und Rechenschritte notieren	○	○	○	○	
10	Subtraktionsaufgaben mit Zehnern und Einern im Kopf lösen	○	○	○	○	
11	Aufgabenreihen lösen und fortsetzen	○	○	○	○	
12	Zu einer in Textform vorgegebenen Sachaufgabe passende Rechnung und Antwort formulieren	○	○	○	○	
	Einer in Tabellenform vorgegebenen Sachsituation Informationen entnehmen und fehlende Zahlen ergänzen	○	○	○	○	
	Zu einer vorgegebenen Tabelle eine Frage, Rechnung und Antwort formulieren	○	○	○	○	

So hast du bei diesem Thema im Unterricht gearbeitet:

Arbeitsweise: ○ selbstständig ○ konzentriert ○ genau

Unterstützungsbedarf: ○ häufig ○ gelegentlich ○ nie

Arbeitstempo: ○ langsam ○ angemessen ○ zügig

Zusätzliche Bemerkungen/Tipps:

Datum: _____

1 Stelle fest, welche Figuren achsensymmetrisch sind. Kreuze an.

a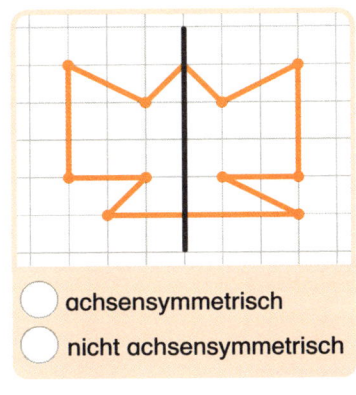

○ achsensymmetrisch
○ nicht achsensymmetrisch

b

○ achsensymmetrisch
○ nicht achsensymmetrisch

c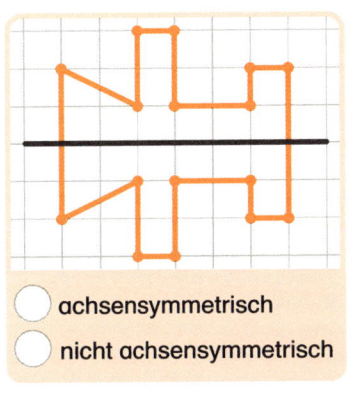

○ achsensymmetrisch
○ nicht achsensymmetrisch

2 Stelle fest, ob die Figuren achsensymmetrisch sind.
Zeichne bei achsensymmetrischen Figuren die Symmetrieachse ein.

a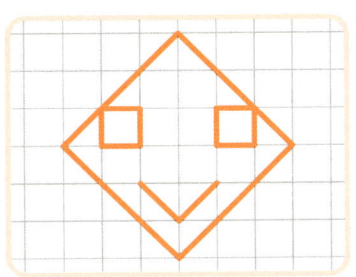

b

c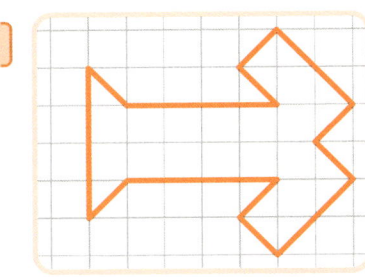

3 Ergänze jeweils das Spiegelbild.

a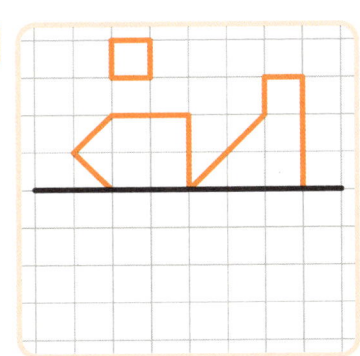

b

c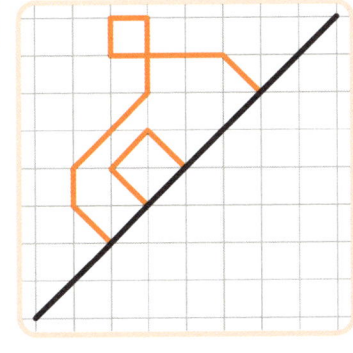

4 Spiegle die Figur erst nach rechts und dann die gesamte Figur nach unten.

a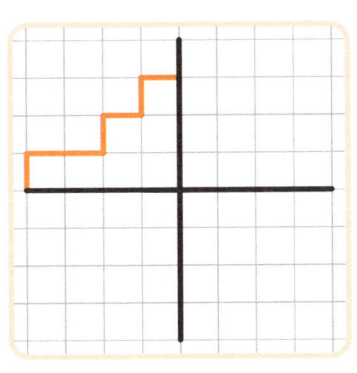

b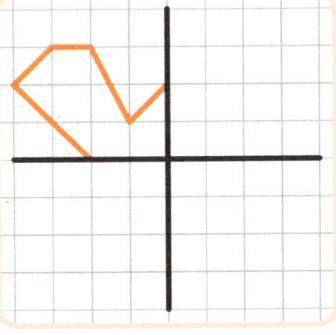

Datum: _____

13

Aufgabe	Kompetenz	sicher	meist	teil-weise	noch nicht	Bemerkungen
1	Achsensymmetrische Figuren erkennen	○	○	○	○	
2	Achsensymmetrische Figuren erkennen und Spiegelachsen einzeichnen	○	○	○	○	
3	Zu vorgegebenen Figuren mit unterschiedlicher Lage der Symmetrieachse Spiegelbilder ergänzen	○	○	○	○	
4	Figuren nacheinander an verschiedenen Achsen spiegeln	○	○	○	○	

So hast du bei diesem Thema im Unterricht gearbeitet:

Arbeitsweise: ○ selbstständig   ○ konzentriert   ○ genau

Unterstützungsbedarf: ○ häufig   ○ gelegentlich   ○ nie

Arbeitstempo: ○ langsam   ○ angemessen   ○ zügig

Zusätzliche Bemerkungen/Tipps:

Datum: _____

1 Löse die Aufgaben. Schreibe deine Rechenschritte auf.

a) $586 + 31 =$ ⬚

⬚ $+$ ⬚ $=$ ⬚

⬚ $+$ ⬚ $=$ ⬚

b) $367 + 85 =$ ⬚

⬚ $+$ ⬚ $=$ ⬚

⬚ $+$ ⬚ $=$ ⬚

2 Löse die Aufgaben. Stelle deine Rechenschritte am Rechenstrich dar.

a)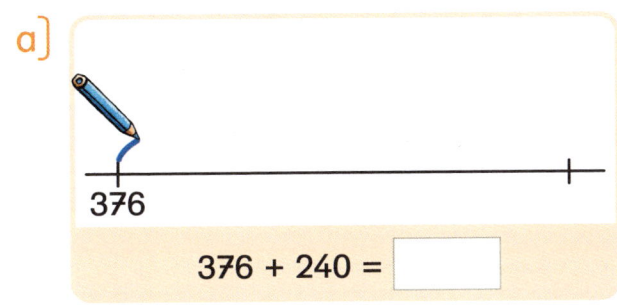

376

$376 + 240 =$ ⬚

b)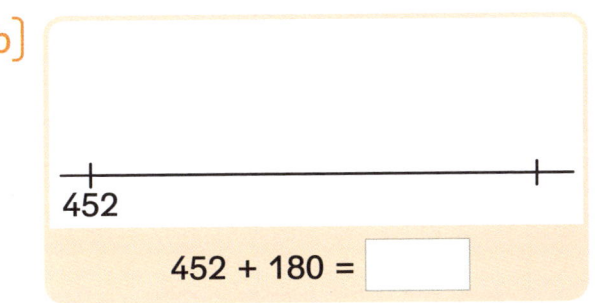

452

$452 + 180 =$ ⬚

3 Löse die Aufgaben. Schreibe deine Rechenschritte auf.

a) $281 + 460 =$ ⬚

⬚ $+$ ⬚ $=$ ⬚

⬚ $+$ ⬚ $=$ ⬚

b) $683 + 170 =$ ⬚

⬚ $+$ ⬚ $=$ ⬚

⬚ $+$ ⬚ $=$ ⬚

4 Löse die Aufgaben. Schreibe deine Rechenschritte auf.

a) $552 + 393 =$ ⬚

⬚ $+$ ⬚ $=$ ⬚

⬚ $+$ ⬚ $=$ ⬚

⬚ $+$ ⬚ $=$ ⬚

b) $374 + 258 =$ ⬚

⬚ $+$ ⬚ $=$ ⬚

⬚ $+$ ⬚ $=$ ⬚

⬚ $+$ ⬚ $=$ ⬚

5 Rechne mit deinem Rechenweg im Kopf. Löse die Aufgaben.

a) $547 + 7 =$ ⬚

$376 + 5 =$ ⬚

$824 + 9 =$ ⬚

b) $458 + 81 =$ ⬚

$862 + 64 =$ ⬚

$391 + 52 =$ ⬚

c) $765 + 180 =$ ⬚

$286 + 350 =$ ⬚

$553 + 260 =$ ⬚

Datum: _____

Aufgabe	Kompetenz	sicher	meist	teil-weise	noch nicht	Bemerkungen
1	Additionsaufgaben mit Zehnern und Einern in Schritten lösen und Rechenschritte notieren	○	○	○	○	
2	Additionsaufgaben mit Hundertern und Zehnern in Schritten lösen und Rechenschritte am Rechenstrich darstellen	○	○	○	○	
3	Additionsaufgaben mit Hundertern und Zehnern in Schritten lösen und Rechenschritte notieren	○	○	○	○	
4	Additionsaufgaben mit Hundertern, Zehnern und Einern in Schritten lösen und Rechenschritte notieren	○	○	○	○	
5	Additionsaufgaben im Kopf lösen mit Einern, mit Zehnern und Einern mit Hundertern und Zehnern	○ ○ ○	○ ○ ○	○ ○ ○	○ ○ ○	

So hast du bei diesem Thema im Unterricht gearbeitet:

Arbeitsweise: ○ selbstständig ○ konzentriert ○ genau

Unterstützungsbedarf: ○ häufig ○ gelegentlich ○ nie

Arbeitstempo: ○ langsam ○ angemessen ○ zügig

Zusätzliche Bemerkungen/Tipps:

Datum: _____

1 Löse die Aufgaben. Schreibe deine Rechenschritte auf.

a) 652 – 81 = ▢
▢ – ▢ = ▢
▢ – ▢ = ▢

b) 734 – 72 = ▢
▢ – ▢ = ▢
▢ – ▢ = ▢

2 Löse die Aufgaben. Stelle deine Rechenschritte am Rechenstrich dar.

a)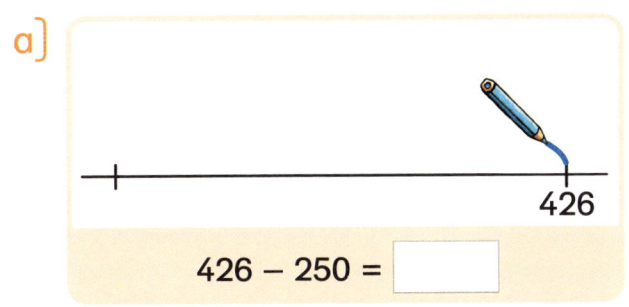
426 – 250 = ▢

b)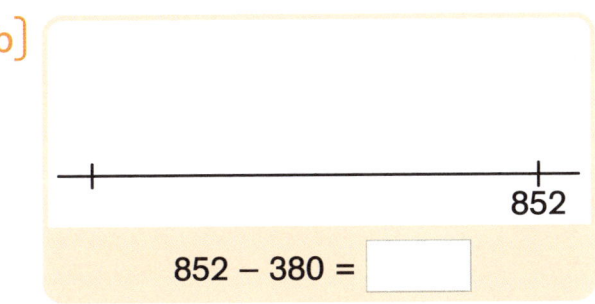
852 – 380 = ▢

3 Löse die Aufgaben. Schreibe deine Rechenschritte auf.

a) 817 – 370 = ▢
▢ – ▢ = ▢
▢ – ▢ = ▢

b) 536 – 280 = ▢
▢ – ▢ = ▢
▢ – ▢ = ▢

4 Löse die Aufgaben. Schreibe deine Rechenschritte auf.

a) 558 – 274 = ▢
▢ – ▢ = ▢
▢ – ▢ = ▢
▢ – ▢ = ▢

b) 442 – 256 = ▢
▢ – ▢ = ▢
▢ – ▢ = ▢
▢ – ▢ = ▢

5 Rechne mit deinem Rechenweg im Kopf. Löse die Aufgaben.

a) 352 – 4 = ▢
764 – 7 = ▢
821 – 3 = ▢

b) 515 – 61 = ▢
834 – 72 = ▢
445 – 54 = ▢

c) 935 – 370 = ▢
628 – 130 = ▢
553 – 280 = ▢

53

Aufgabe	Kompetenz	sicher	meist	teil-weise	noch nicht	Bemerkungen
1	Minusaufgaben mit Zehnern und Einern in Schritten lösen und Rechenschritte notieren	○	○	○	○	
2	Minusaufgaben mit Hundertern und Zehnern in Schritten lösen und Rechenschritte am Rechenstrich darstellen	○	○	○	○	
3	Minusaufgaben mit Hundertern und Zehnern in Schritten lösen und Rechenschritte notieren	○	○	○	○	
4	Minusaufgaben mit Hundertern, Zehnern und Einern in Schritten lösen und Rechenschritte notieren	○	○	○	○	
5	Minusaufgaben im Kopf lösen mit Einern, mit Zehnern und Einern mit Hundertern und Zehnern	○ ○ ○	○ ○ ○	○ ○ ○	○ ○ ○	

So hast du bei diesem Thema im Unterricht gearbeitet:

Arbeitsweise: ○ selbstständig ○ konzentriert ○ genau

Unterstützungsbedarf: ○ häufig ○ gelegentlich ○ nie

Arbeitstempo: ○ langsam ○ angemessen ○ zügig

Zusätzliche Bemerkungen/Tipps:

Datum: _____

1 Schreibe Aufgabe und Umkehraufgabe mit Ergebnis auf.

a)
$520 \xrightarrow{+\ 240} \boxed{}$
$\xleftarrow{-\ 240}$
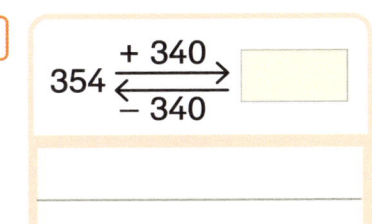

b)
$354 \xrightarrow{+\ 340} \boxed{}$
$\xleftarrow{-\ 340}$

c)
$870 \xrightarrow{-\ 560} \boxed{}$
$\xleftarrow{+\ 560}$

2 Löse die Aufgaben. Kontrolliere jedes Ergebnis mit der Umkehraufgabe.

a) $260 + 330 = \boxed{}$, denn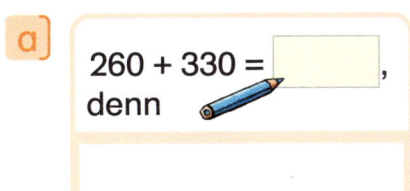

b) $673 + 170 = \boxed{}$, denn

c) $735 - 450 = \boxed{}$, denn

3 Überprüfe jedes Ergebnis mit der Umkehraufgabe.
Kennzeichne richtige Ergebnisse. Korrigiere falsche Ergebnisse.

a) $547 + 270 = 827$ _____

b) $362 + 380 = 742$ _____

c) $834 - 450 = 374$ _____

4 Löse die Platzhalteraufgaben. Stelle deine Rechenschritte am Rechenstrich dar.

a)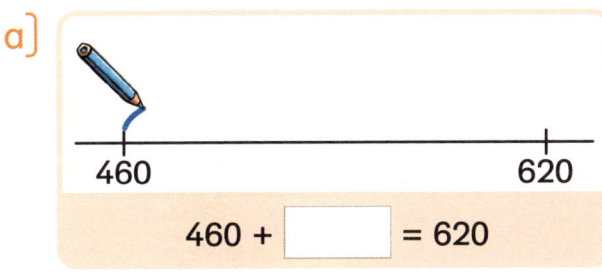
460   620
$460 + \boxed{} = 620$

b)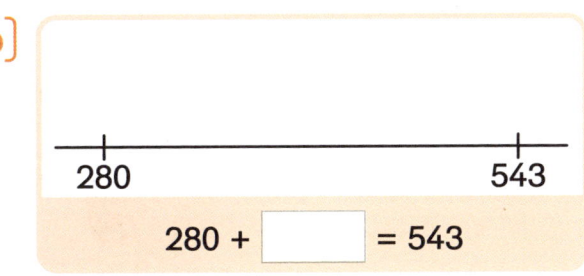
280   543
$280 + \boxed{} = 543$

c)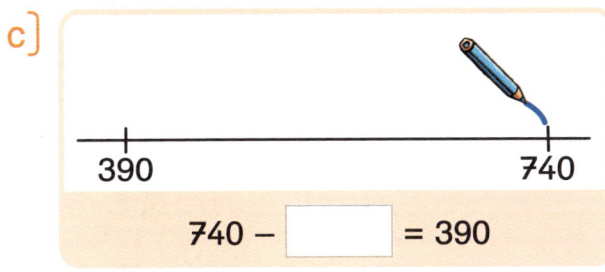
390   740
$740 - \boxed{} = 390$

d)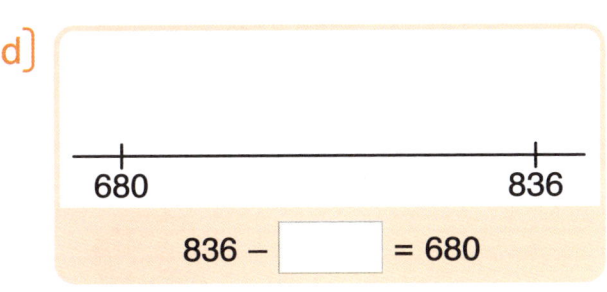
680   836
$836 - \boxed{} = 680$

5 Löse die Aufgaben. Rechne mit deinen Rechenschritten im Kopf.

a) $230 + \boxed{} = 670$

b) $840 - \boxed{} = 460$

c) $590 + \boxed{} = 930$

Datum: _____

6 Rechne geschickt in Schritten mit Hunderterzahlen.

a) 146 + 298 = ☐

146 + 300 = ☐

☐ ◯ ☐ = ☐

b) 357 + 399 = ☐

☐ ◯ ☐ = ☐

☐ ◯ ☐ = ☐

c) 731 – 397 = ☐

731 – 400 = ☐

☐ ◯ ☐ = ☐

d) 685 – 498 = ☐

☐ ◯ ☐ = ☐

☐ ◯ ☐ = ☐

7 Rechne geschickt in Schritten mit Zehnerzahlen.

a) 325 + 59 = ☐

325 + 60 = ☐

☐ ◯ ☐ = ☐

b) 538 + 48 = ☐

☐ ◯ ☐ = ☐

☐ ◯ ☐ = ☐

c) 683 – 38 = ☐

683 – 40 = ☐

☐ ◯ ☐ = ☐

d) 472 – 57 = ☐

☐ ◯ ☐ = ☐

☐ ◯ ☐ = ☐

8 Finde die passende Aufgabe und löse sie.

a)

Subtrahiere von 630
die Zahl 210.

b)

Addiere
440 und 342.

c)

Bilde die Summe von
563 und 190.

d)

Bilde die Differenz von
788 und 440.

Datum: _____

Aufgabe	Kompetenz	sicher	meist	teil-weise	noch nicht	Bemerkungen
1	Aufgaben und Umkehraufgaben ablesen und lösen	○	○	○	○	
2	Plus- und Minusaufgaben mit Hundertern und Zehnern lösen und mithilfe der Umkehraufgabe überprüfen	○	○	○	○	
3	Mithilfe der Umkehraufgabe falsche Ergebnisse identifizieren und korrigieren	○	○	○	○	
4	Platzhalteraufgaben lösen und Rechenschritte am Rechenstrich darstellen	○	○	○	○	
5	Platzhalteraufgaben im Kopf lösen	○	○	○	○	
6	Mit Hunderterzahlen geschickt schrittweise rechnen	○	○	○	○	
7	Mit Zehnerzahlen geschickt schrittweise rechnen	○	○	○	○	
8	Zahlenrätsel mit Fachbegriffen in Rechnungen übertragen und lösen	○	○	○	○	

So hast du bei diesem Thema im Unterricht gearbeitet:

Arbeitsweise: ○ selbstständig ○ konzentriert ○ genau

Unterstützungsbedarf: ○ häufig ○ gelegentlich ○ nie

Arbeitstempo: ○ langsam ○ angemessen ○ zügig

Zusätzliche Bemerkungen/Tipps:

Datum: _____

21

1 Löse die Aufgaben.

a)
H	Z	E
3	6	1
+ 2	1	5

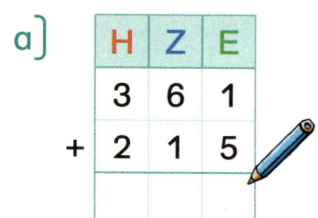

b)
H	Z	E
1	4	2
+ 8	3	5

c)
H	Z	E
	7	1
+ 4	2	6

d)
H	Z	E
5	0	3
+ 3	7	0

2 Schreibe die Zahlen richtig untereinander. Berechne das Ergebnis.

a) 342 + 153

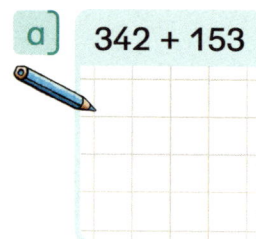

b) 414 + 63

c) 603 + 71

d) 42 + 250

3 Setze die fehlenden Ziffern ein.

a)
```
    4   2
+   3 5
─────────
    8 4
```

b)
```
    1 2
+       6
─────────
    3 7 8
```

c)
```
    6   3
+     5
─────────
    7 9 6
```

d)
```
          2
+       8
─────────
    5 8 8
```

4 Stelle zwei zur Summe passende Aufgaben zusammen.

a) 946

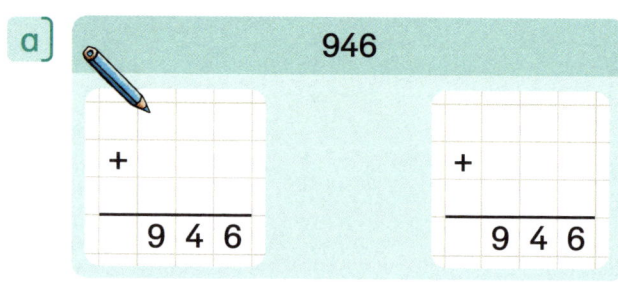

```
+
─────────
  9 4 6
```
```
+
─────────
  9 4 6
```

b) 687

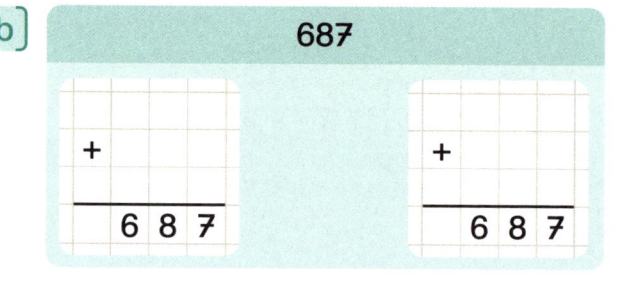

```
+
─────────
  6 8 7
```
```
+
─────────
  6 8 7
```

5 Löse die Aufgaben. Denke an die Übertragszahl beim Zehner.

a)
H	Z	E
4	3	3
+ 1	2	8

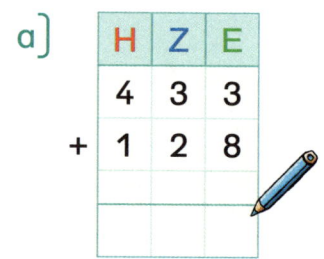

b)
H	Z	E
3	4	7
+ 2	3	7

c)
H	Z	E
5	7	6
+ 2	0	5

d)
H	Z	E
	8	5
+ 6	0	7

Datum: _____

6 Löse die Aufgaben. Denke an die Übertragszahl beim Hunderter.

a)
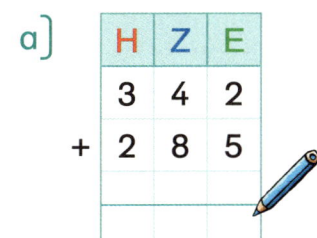

H	Z	E
3	4	2
+ 2	8	5

b)
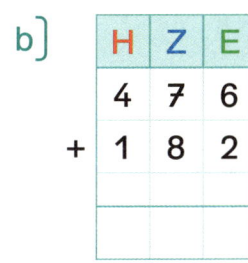

H	Z	E
4	7	6
+ 1	8	2

c)
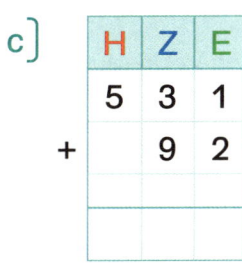

H	Z	E
5	3	1
+	9	2

d)
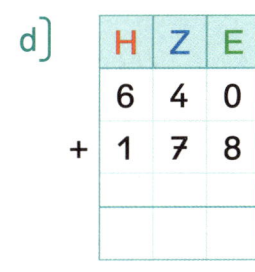

H	Z	E
6	4	0
+ 1	7	8

7 Schreibe die Zahlen richtig untereinander. Berechne das Ergebnis.
Denke an die Übertragszahl beim Zehner oder Hunderter.

a)

453 + 272

b)

504 + 179

c)

38 + 243

d)
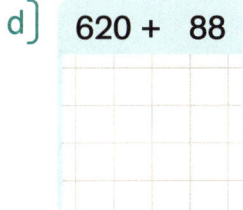
620 + 88

8 Löse die Aufgaben. Denke an die Übertragszahlen.

a)
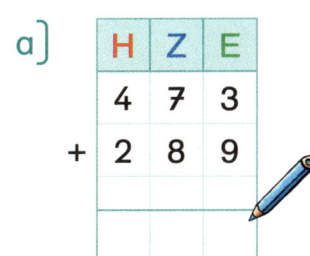

H	Z	E
4	7	3
+ 2	8	9

b)
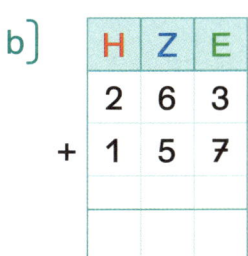

H	Z	E
2	6	3
+ 1	5	7

c)
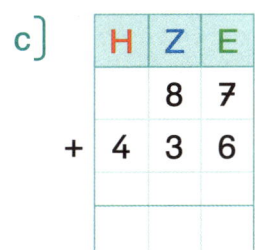

H	Z	E
	8	7
+ 4	3	6

d)
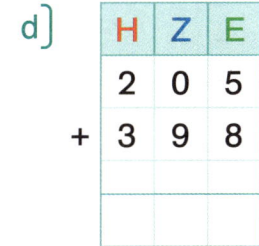

H	Z	E
2	0	5
+ 3	9	8

9 Schreibe die Zahlen richtig untereinander. Berechne das Ergebnis.
Denke an die Übertragszahlen.

a)
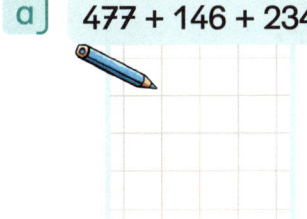
477 + 146 + 234

b)
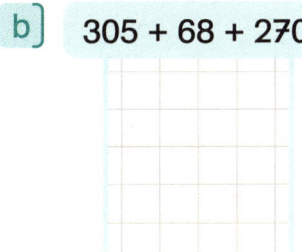
305 + 68 + 270

c)

392 + 7 + 406

10 Schreibe passende Zahlen so untereinander,
dass du folgende Überträge und Ergebnisse erhältst.

a)
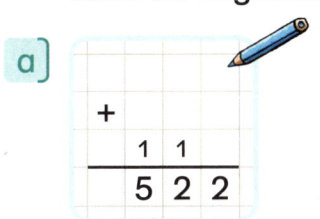

+		
	1	1
5	2	2

b)
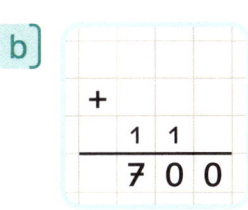

+		
	1	1
7	0	0

c)
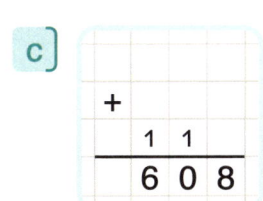

+		
	1	1
6	0	8

Datum: _____

Aufgabe	Kompetenz	sicher	meist	teil-weise	noch nicht	Bemerkungen
1	Additionsaufgaben ohne Übertrag in der Stellentafel lösen	○	○	○	○	
2	Additionsaufgaben ohne Übertrag stellengerecht notieren und lösen	○	○	○	○	
3	In Additionsaufgaben ohne Übertrag fehlende Ziffern ergänzen	○	○	○	○	
4	Zu einem vorgegebenen Ergebnis zwei unterschiedliche Additionsaufgaben zusammenstellen	○	○	○	○	
5	Additionsaufgaben mit Übertrag zum Zehner in der Stellentafel lösen	○	○	○	○	
6	Additionsaufgaben mit Übertrag zum Hunderter in der Stellentafel lösen	○	○	○	○	
7	Additionsaufgaben mit Übertrag zum Zehner oder zum Hunderter stellengerecht untereinander notieren und lösen	○	○	○	○	
8	Additionsaufgaben mit Übertrag zum Zehner und zum Hunderter in der Stellentafel lösen	○	○	○	○	
9	Additionsaufgaben mit drei Summanden und zwei Überträgen stellengerecht untereinander notieren und lösen	○	○	○	○	
10	Zu vorgegebenen Ergebnis- und Übertragszahlen zwei passende Summanden finden	○	○	○	○	

So hast du bei diesem Thema im Unterricht gearbeitet:

Arbeitsweise: ○ selbstständig ○ konzentriert ○ genau

Unterstützungsbedarf: ○ häufig ○ gelegentlich ○ nie

Arbeitstempo: ○ langsam ○ angemessen ○ zügig

Zusätzliche Bemerkungen/Tipps:

Datum: _____

1 Lies beide Uhrzeiten ab. Schreibe sie auf.

a]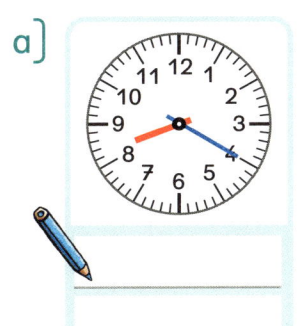

b]

c]

d]

2 Ordne passend zu. Verbinde.

a]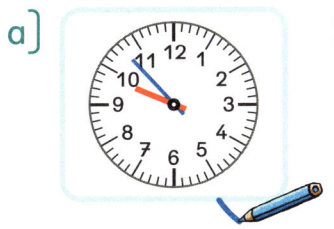

b]

c]

d]

| Viertel nach 5 | 7 vor 10 | halb 7 | 6 vor halb 2 |

3 Lies beide Uhrzeiten auf die Sekunde genau ab. Schreibe sie auf.

a]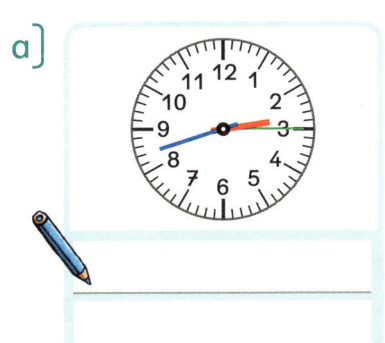

b]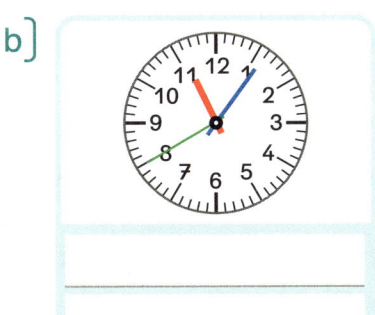

c]

4 Fülle die Tabelle vollständig aus.

2 Stunden früher	2 Sekunden früher	Anzeige	2 Sekunden später	2 Stunden später
		09:18 00		
		20:55 38		
		22:02 58		

5 Wandle um in …

a) … Sekunden.

1 min = _____

3 min = _____

b) … Sekunden.

1 min 20 s = _____

5 min 35 s = _____

c) … Stunden und Minuten.

75 min = _____

160 min = _____

6 Bestimme die Uhrzeiten und Zeitspannen.

a)
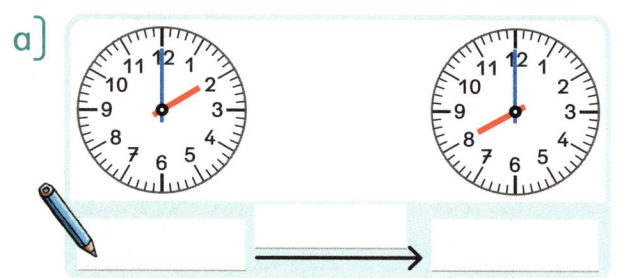

b)
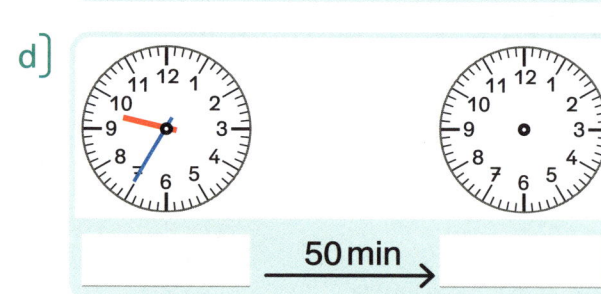

c)

_____ ← 5 h _____

d)

_____ 50 min → _____

e) 16:15 Uhr — 3 h 30 min → _____

f) _____ ← 6 h 15 min — 12:55 Uhr

7 Schreibe die Rechnung (R) als Pfeilbild und beantworte die Frage (F).

a) G: Lisa besucht ihre Oma um 15:45 Uhr. Ihre Eltern holen sie um 19:10 Uhr ab.
F: Wie lange war Lisa bei der Oma zu Besuch?

R: A:

b) G: Tim geht zum Fußballtraining. Es beginnt um 16:30 Uhr und dauert 1 h 30 min.
F: Wann endet sein Fußballtraining?

R: A:

Datum: _____

8　Ergänze die fehlenden Angaben.
Die Informationen dazu findest du in dem abgebildeten Fahrplanausschnitt.

Abfahrt Stuttgart Hbf			
Zeit	**Zug**	**in Richtung**	**Gleis**
14:01	RE 4241	Plochingen 14:17 – Göppingen 14:28 – **Lindau-Insel 16:55**	15
14:04	EC 218 ▣	**CHIEMGAU** Darmstadt Hbf 15:22 – **Erfurt Hbf 19:00**	8
14:07	IC 2069 ⬚	Aalen Hbf 14:56 – Crailsheim 15:23 – **Nürnberg Hbf 16:18**	16
14:08	RE 19072	Heilbronn Hbf 14:47 – **Würzburg Hbf 16:20**	4
14:14	ICE 1127 ⎜⎜ ⬚	**München Hbf 16:27**	15

Zeichenerklärung

Züge im Fernverkehr	Züge im Regional- und Nahverkehr
ICE Intercity-Express	IRE Interregio-Express
EC Eurocity	RE Regional-Express
IC Intercity	RB Regionalbahn

Symbole/Symbols/Symboles
⎜⎜ Bordrestaurant
▣ Bordbistro
⬚ Zug mit Stellplätzen im Fahrradabteil; Reservierung erforderlich

a）Der Zug mit der Nummer ＿＿＿＿＿ fährt von Stuttgart nach Würzburg

um ＿＿＿＿＿ Uhr.

b）Auf Gleis 15 fährt ein Zug um 14:14 Uhr nach ＿＿＿＿＿＿＿＿＿.

Die Fahrzeit des Zuges beträgt ＿＿＿＿ Stunden und ＿＿＿＿ Minuten.

c）Der Eurocity mit einem Bordbistro fährt um ＿＿＿＿＿ Uhr von Gleis ＿＿＿ ab.

d）In den Zügen mit den Nummern ＿＿＿ und ＿＿＿ kann man ein Fahrrad mitnehmen.

9　Wandle um …

a）… in Monate.

2 Jahre = ＿＿＿＿＿＿＿＿

7 Jahre = ＿＿＿＿＿＿＿＿

3 Jahre = ＿＿＿＿＿＿＿＿

b）… in Monate.

1 Jahr　3 Monate = ＿＿＿＿＿＿＿

4 Jahre 10 Monate = ＿＿＿＿＿＿＿

6 Jahre　7 Monate = ＿＿＿＿＿＿＿

c）… in Stunden.

3 Tage = ＿＿＿＿＿＿＿＿

5 Tage = ＿＿＿＿＿＿＿＿

8 Tage = ＿＿＿＿＿＿＿＿

d）… in Stunden.

1 Tag　5 Stunden = ＿＿＿＿＿＿＿

3 Tage　7 Stunden = ＿＿＿＿＿＿＿

10 Tage　2 Stunden = ＿＿＿＿＿＿＿

e）… in Jahre und Monate.

17 Monate = ＿＿＿＿＿＿＿

28 Monate = ＿＿＿＿＿＿＿

20 Monate = ＿＿＿＿＿＿＿

f）… in Wochen und Tage.

11 Tage = ＿＿＿＿＿＿＿

25 Tage = ＿＿＿＿＿＿＿

34 Tage = ＿＿＿＿＿＿＿

Datum: ＿＿＿＿＿＿＿＿＿

Aufgabe	Kompetenz	sicher	meist	teil-weise	noch nicht	Bemerkungen
1	Uhrzeiten in Stunden und Minuten in beiden Tageshälften ablesen und notieren	○	○	○	○	
2	Einer Zeigerstellung umgangssprachliche Uhrzeitangaben zuordnen	○	○	○	○	
3	Uhrzeiten in Stunden, Minuten und Sekunden in beiden Tageshälften ablesen und notieren	○	○	○	○	
4	Zu einer vorgegebenen Uhrzeit der Digitaluhr frühere oder spätere Uhrzeitangaben ergänzen	○	○	○	○	
5	Zeitangaben in Sekunden, Stunden und Minuten umwandeln	○	○	○	○	
6	Zeitpunkte und Zeitspannen bestimmen mithilfe einer Zeigeruhr ohne Anschauungshilfen	○ ○	○ ○	○ ○	○ ○	
7	Rechengeschichten mithilfe eines Pfeilbildes lösen Zeitspanne berechnen Endzeitpunkt berechnen Antwortsatz formulieren	○ ○ ○	○ ○ ○	○ ○ ○	○ ○ ○	
8	Aus einem Fahrplan aufgabenbezogen Informationen entnehmen	○	○	○	○	
9	Zeitangaben in Jahren, Tagen und Monaten umwandeln	○	○	○	○	

So hast du bei diesem Thema im Unterricht gearbeitet:

Arbeitsweise: ○ selbstständig   ○ konzentriert   ○ genau

Unterstützungsbedarf: ○ häufig   ○ gelegentlich   ○ nie

Arbeitstempo: ○ langsam   ○ angemessen   ○ zügig

Zusätzliche Bemerkungen/Tipps:

Datum: _____

Lernstandsdiagnose: Übungen zur schriftlichen Addition (1)

1 Löse die Aufgaben. Denke an die Übertragszahlen.

a)
```
    5 7 3
  + 2 1 3
  _____
```

b)
```
    3 8 4
  + 1 7 5
  _____
```

c)
```
    4 0 6
  + 2 3 4
  _____
```

d)
```
    6 5 9
  + 1 8 3
  _____
```

2 Schreibe die Zahlen richtig untereinander und addiere.

a) 527 + 134 + 42

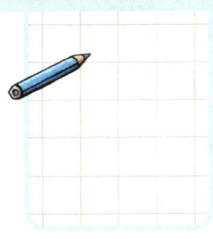

b) 542 + 58 + 213

c) 39 + 407 + 321

3 Setze die fehlenden Ziffern ein. Achte auf die Überträge.

a)
```
    3 5
  +   6 1
  _____
    7   8
```

b)
```
        9
  + 4 2 3
  _____
    6 1
```

c)
```
    2 3 6
  + 3 5
  + 1   4
  _____
        3 1
```

d)
```
        0 8
  + 2 6
  + 1   0
  _____
      5 6 2
```

4 Bilde dreistellige Zahlen und finde passende Additionsaufgaben.

a)
| 5 | 7 | 2 | **Bilde aus diesen Ziffernkärtchen alle sechs möglichen dreistelligen Zahlen.** |

☐ ☐ ☐ ☐ ☐ ☐

b) Wähle zwei Zahlen aus und bilde die Additionsaufgabe mit der größten Summe.

☐ + ☐
_____

c) Wähle zwei Zahlen aus und bilde die Additionsaufgabe mit der kleinsten Summe.

☐ + ☐
_____

Datum: _____

5 Löse das Zahlenrätsel. Rechne schriftlich.

a) Die Zahl erhältst du, wenn du 283 und 644 addierst.

b) Die Zahl ist die Summe aus 374 und 528.

6 Runde die Zahlen…

a) … auf Zehner.

573 ≈ [ ]   835 ≈ [ ]

426 ≈ [ ]   911 ≈ [ ]

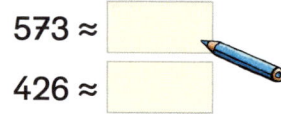
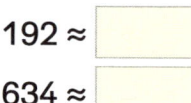

b) … auf Hunderter.

192 ≈ [ ]   206 ≈ [ ]

634 ≈ [ ]   871 ≈ [ ]

7 Runde die Zahlen auf Zehner. Schreibe die Überschlagsrechnung auf.

a) 437 + 142

Ü: _____

b) 521 + 255

Ü: _____

c) 397 + 123

Ü: _____

8 Finde drei Aufgaben mit Fehlern.
Gebe an, welche Fehler gemacht wurden.
Schreibe bei falsch gelösten Aufgaben die richtige Rechnung auf.

A Fehler beim Addieren   B Übertrag vergessen   C Aufgabe falsch unter-einander geschrieben

a)
```
    5 6 5
  + 2 5 6
      1
  ‾‾‾‾‾‾‾
    7 2 1
```
Fehler: [ ]

b)
```
    3 9 1
  + 1 4 3
      1
  ‾‾‾‾‾‾‾
    5 3 4
```
Fehler: [ ]

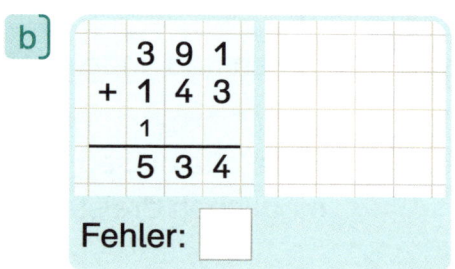

c)
```
    5 9
  + 1 2 5
      1
  ‾‾‾‾‾‾‾
    7 1 5
```
Fehler: [ ]

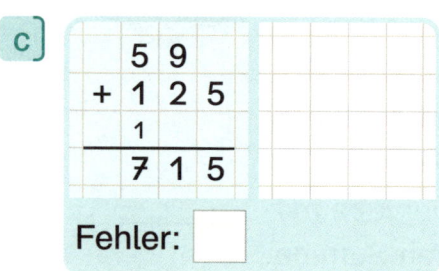

d)
```
    2 6 3
  + 4 2 7
        1
  ‾‾‾‾‾‾‾
    5 9 0
```
Fehler: [ ]

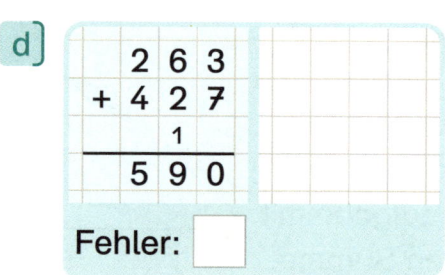

Datum: _____

Aufgabe	Kompetenz	sicher	meist	teil-weise	noch nicht	Bemerkungen
1	Additionsaufgaben mit unterschiedlicher Anzahl von Überträgen lösen	○	○	○	○	
2	Additionsaufgaben mit drei Summanden stellengerecht notieren und lösen	○	○	○	○	
3	In Additionsaufgaben mit Übertrag fehlende Ziffern ergänzen	○	○	○	○	
4	Ziffernkärtchen nach Vorgaben zusammenstellen Zahlen Additionsaufgaben	○ ○	○ ○	○ ○	○ ○	
5	Zahlenrätsel in passende Additionsaufgaben übertragen und lösen	○	○	○	○	
6	Zahlen runden auf Zehner auf Hunderter	○ ○	○ ○	○ ○	○ ○	
7	Mit auf Zehner gerundeten Zahlen Überschlagsrechnungen bilden	○	○	○	○	
8	Falsch gelöste Aufgaben identifizieren Fehler analysieren Aufgaben korrigieren	○ ○ ○	○ ○ ○	○ ○ ○	○ ○ ○	

So hast du bei diesem Thema im Unterricht gearbeitet:

Arbeitsweise: ○ selbstständig ○ konzentriert ○ genau

Unterstützungsbedarf: ○ häufig ○ gelegentlich ○ nie

Arbeitstempo: ○ langsam ○ angemessen ○ zügig

Zusätzliche Bemerkungen/Tipps:

Datum: _____

1 Ordne den Formen die Merkmale zu. Verbinde.

keine Ecken

Quadrat

4 Seiten

3 Ecken

Rechteck

3 Seiten

4 Ecken

Kreis

Alle Seiten sind gleich lang.

rund

Dreieck

Gegenüberliegende Seiten sind gleich lang.

2 Zeichne mit dem Lineal folgende Figuren.

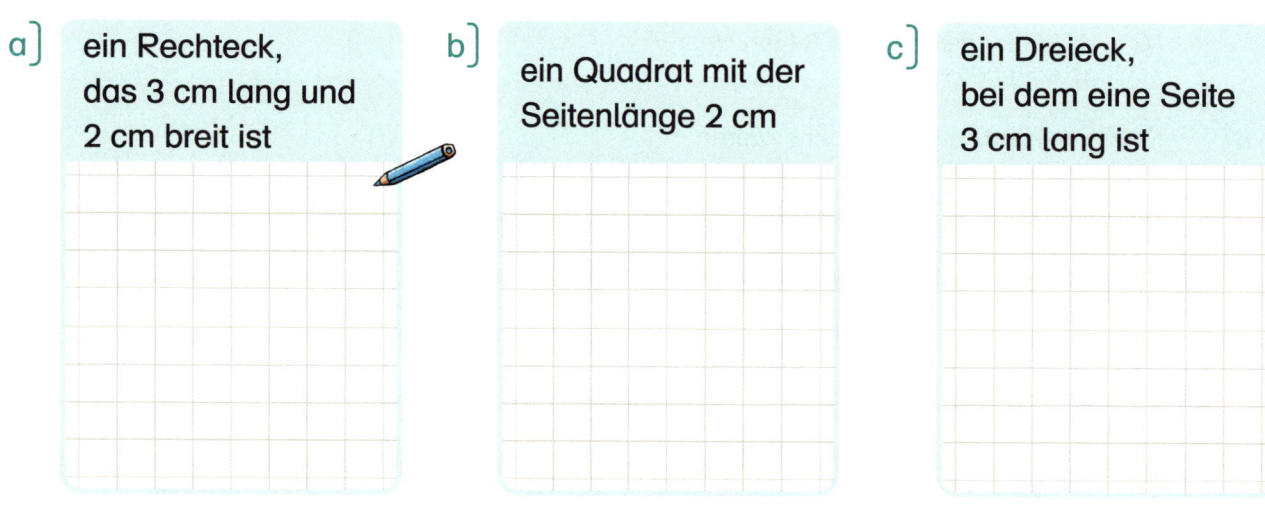

a] ein Rechteck, das 3 cm lang und 2 cm breit ist

b] ein Quadrat mit der Seitenlänge 2 cm

c] ein Dreieck, bei dem eine Seite 3 cm lang ist

3 Setze die Parkette nach allen Seiten fort.

a]

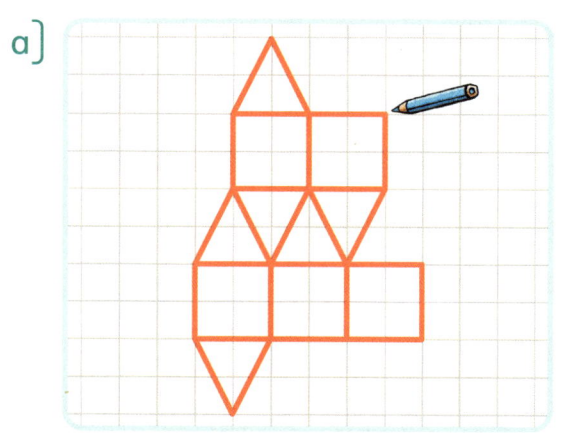

b]

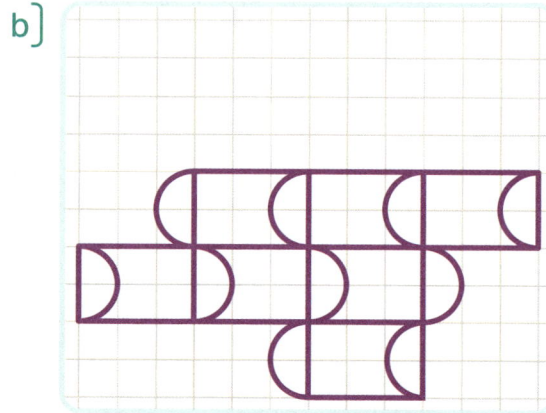

Datum: _____

Aufgabe	Kompetenz	sicher	meist	teil-weise	noch nicht	Bemerkungen
1	Geometrischen Grundformen passende Merkmale zuordnen	○	○	○	○	
2	Geometrische Grundformen mit vorgegebenen Längenangaben zeichnen	○	○	○	○	
3	Vorgegebene Parkette nach allen Seiten fortsetzen	○	○	○	○	

So hast du bei diesem Thema im Unterricht gearbeitet:

Arbeitsweise: ○ selbstständig ○ konzentriert ○ genau

Unterstützungsbedarf: ○ häufig ○ gelegentlich ○ nie

Arbeitstempo: ○ langsam ○ angemessen ○ zügig

Zusätzliche Bemerkungen/Tipps:

1 Löse die Aufgaben.

a)
H	Z	E
5	4	6
− 3	2	1

b)
H	Z	E
3	7	2
− 2	4	0

c)
H	Z	E
4	8	5
−	7	2

d)
H	Z	E
9	1	8
− 6	0	3

2 Schreibe die Zahlen richtig untereinander.
Berechne das Ergebnis.

a) 467 − 131

b) 595 − 82

c) 724 − 303

d) 958 − 517

3 Löse die Aufgaben.
Beachte den Tauschvorgang beim Zehner.

a)
H	Z	E
6	7	1
− 4	3	8

b)
H	Z	E
4	9	6
− 1	2	7

c)
H	Z	E
7	2	3
− 3	0	6

d)
H	Z	E
2	8	2
−	5	4

4 Schreibe die Zahlen richtig untereinander. Berechne das Ergebnis.
Beachte den Tauschvorgang beim Zehner.

a) 864 − 236

b) 572 − 415

c) 947 − 29

d) 650 − 302

Datum: _____

5 Löse die Aufgaben.
Beachte den Tauschvorgang beim Hunderter.

a)

	H	Z	E
	5	4	8
–	3	6	2

b)

	H	Z	E
	7	5	7
–	4	9	1

c)

	H	Z	E
	6	0	6
–	1	3	3

d)

	H	Z	E
	3	2	9
–		5	4

6 Schreibe die Zahlen richtig untereinander.
Beachte die Tauschvorgänge beim Zehner und Hunderter.

a) 436 – 269

b) 856 – 378

c) 305 – 126

d) 652 – 64

7 Löse die Aufgaben.
Beachte die Besonderheit bei 0 Zehnern.

a)

	H	Z	E
	6	0	3
–	2	0	7

b)

	H	Z	E
	8	0	5
–	3	2	9

c)

	H	Z	E
	5	0	0
–	1	6	7

d)

	H	Z	E
	7	0	0
–		5	4

8 Stelle zwei zur Differenz passende Aufgaben zusammen.

a) 314

–
314

–
314

b) 587

–
587

–
587

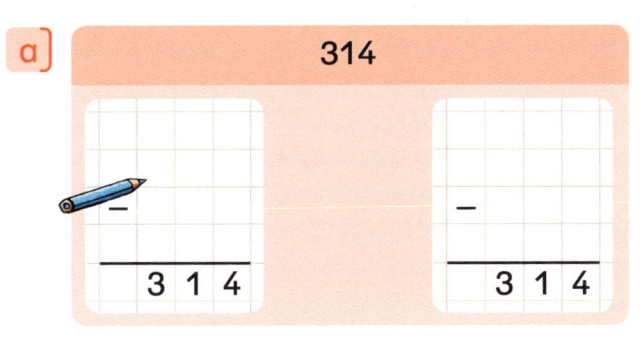

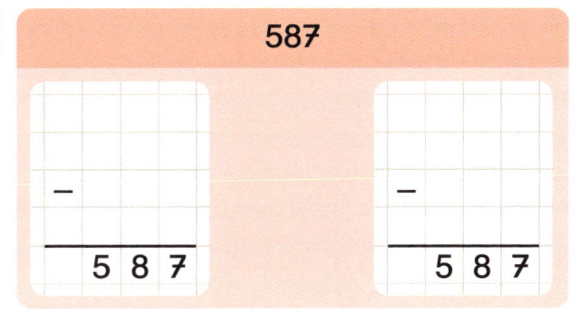

Datum: ______________________

Aufgabe	Kompetenz	sicher	meist	teil-weise	noch nicht	Bemerkungen
1	Subtraktionsaufgaben ohne Tauschvorgang in der Stellentafel lösen	○	○	○	○	
2	Subtraktionsaufgaben ohne Tauschvorgang stellengerecht notieren und lösen	○	○	○	○	
3	Subtraktionsaufgaben mit Tauschvorgang beim Zehner in der Stellentafel lösen	○	○	○	○	
4	Subtraktionsaufgaben mit Tauschvorgang beim Zehner stellengerecht notieren und lösen	○	○	○	○	
5	Subtraktionsaufgaben mit Tauschvorgang beim Hunderter in der Stellentafel lösen	○	○	○	○	
6	Subtraktionsaufgaben mit Tauschvorgängen beim Zehner und Hunderter stellengerecht notieren und lösen	○	○	○	○	
7	Subtraktionsaufgaben mit 0 Zehnern in der Stellentafel lösen	○	○	○	○	
8	Zu vorgegebener Differenz zwei unterschiedliche Subtraktionsaufgaben zusammenstellen	○	○	○	○	

So hast du bei diesem Thema im Unterricht gearbeitet:

Arbeitsweise: ○ selbstständig ○ konzentriert ○ genau

Unterstützungsbedarf: ○ häufig ○ gelegentlich ○ nie

Arbeitstempo: ○ langsam ○ angemessen ○ zügig

Zusätzliche Bemerkungen/Tipps:

Datum: _____

1 Löse die Aufgaben.

a)

H	Z	E
7	5	4
− 2	3	1

b)

H	Z	E
6	8	3
− 3	0	2

c)

H	Z	E
2	9	4
−	7	2

d)

H	Z	E
9	3	7
− 2	2	0

2 Schreibe die Zahlen richtig untereinander.
Berechne das Ergebnis.

a) 378 − 124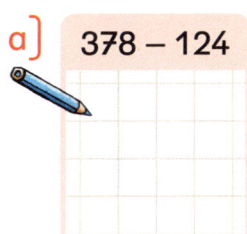

b) 859 − 43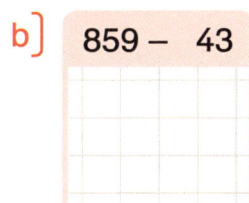

c) 435 − 204

d) 817 − 307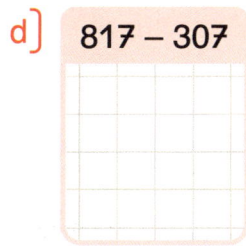

3 Löse die Aufgaben.
Beachte den Übertrag zum Zehner.

a)

H	Z	E
8	7	1
− 4	3	6

b)

H	Z	E
5	8	5
− 2	6	7

c)

H	Z	E
9	6	2
− 5	0	8

d)

H	Z	E
3	7	4
−	4	5

4 Schreibe die Zahlen richtig untereinander. Berechne das Ergebnis.
Beachte den Übertrag zum Zehner.

a) 483 − 147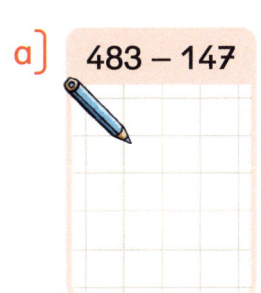

b) 761 − 316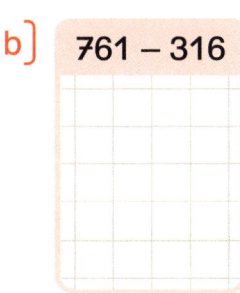

c) 358 − 39

d) 270 − 407

Datum: _____

5 Löse die Aufgaben.
Beachte den Übertrag zum Hunderter.

a)

H	Z	E
8	3	7
− 2	6	3

b)

H	Z	E
6	4	8
− 3	6	2

c)

H	Z	E
4	0	9
− 1	5	7

d)

H	Z	E
5	8	3
−	9	1

6 Löse die Aufgaben. Schreibe die Zahlen richtig untereinander.
Beachte die Überträge.

a) 724 − 386

b) 945 − 279

c) 403 − 338

d) 741 − 68

7 Löse die Aufgaben.
Beachte die Überträge.

a)

H	Z	E
6	0	4
− 3	0	6

b)

H	Z	E
9	0	5
− 7	3	8

c)

H	Z	E
3	0	0
− 2	5	4

d)

H	Z	E
5	0	0
−	7	1

8 Stelle zwei zur Differenz passende Aufgaben zusammen.

a) 536

| − | | |
| 5 | 3 | 6 |

| − | | |
| 5 | 3 | 6 |

b) 794

| − | | |
| 7 | 9 | 4 |

| − | | |
| 7 | 9 | 4 |

Datum: _____

21

Aufgabe	Kompetenz	sicher	meist	teil-weise	noch nicht	Bemerkungen
1	Subtraktionsaufgaben ohne Übertrag in der Stellentafel lösen	○	○	○	○	
2	Subtraktionsaufgaben ohne Übertrag stellengerecht notieren und lösen	○	○	○	○	
3	Subtraktionsaufgaben mit Übertrag zum Zehner in der Stellentafel lösen	○	○	○	○	
4	Subtraktionsaufgaben mit Übertrag zum Zehner stellengerecht notieren und lösen	○	○	○	○	
5	Subtraktionsaufgaben mit Übertrag zum Hunderter in der Stellentafel lösen	○	○	○	○	
6	Subtraktionsaufgaben mit Übertrag zum Zehner und zum Hunderter stellengerecht notieren und lösen	○	○	○	○	
7	Subtraktionsaufgaben mit 0 Zehnern in der Stellentafel lösen	○	○	○	○	
8	Zu vorgegebener Differenz zwei unterschiedliche Subtraktionsaufgaben zusammenstellen	○	○	○	○	

So hast du bei diesem Thema im Unterricht gearbeitet:

Arbeitsweise: ○ selbstständig   ○ konzentriert   ○ genau

Unterstützungsbedarf: ○ häufig   ○ gelegentlich   ○ nie

Arbeitstempo: ○ langsam   ○ angemessen   ○ zügig

Zusätzliche Bemerkungen/Tipps:

Datum: _____

1 Verbinde.

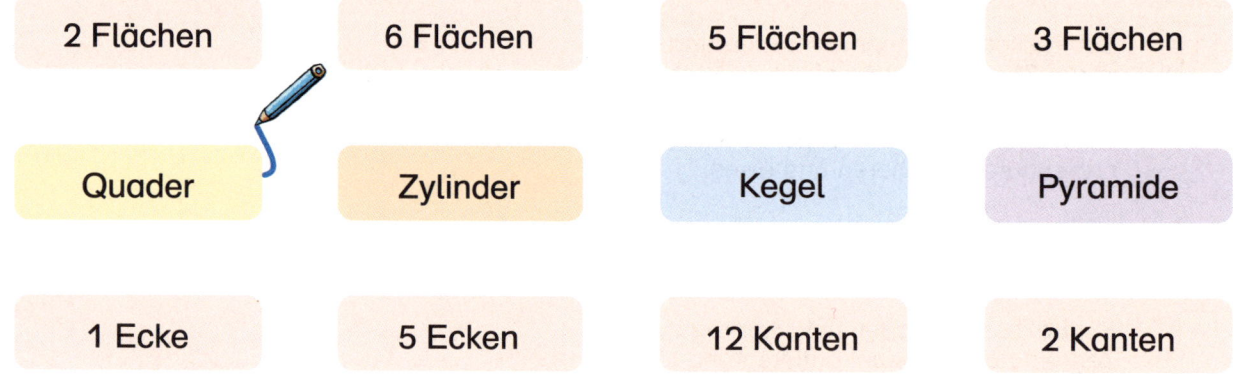

| 2 Flächen | 6 Flächen | 5 Flächen | 3 Flächen |

| Quader | Zylinder | Kegel | Pyramide |

| 1 Ecke | 5 Ecken | 12 Kanten | 2 Kanten |

2 Löse die Körper-Rätsel.

Mein Körper hat 6 gleich große Flächen.

Janek

An meinem Körper gibt es Dreiecke.

Meral

Mein Körper hat eine Fläche und keine Kanten.

Mai-Lin

3 Immer ein Würfelbau und ein Plan passen zusammen.
Kreise den zum Würfelbau passenden Bauplan ein.

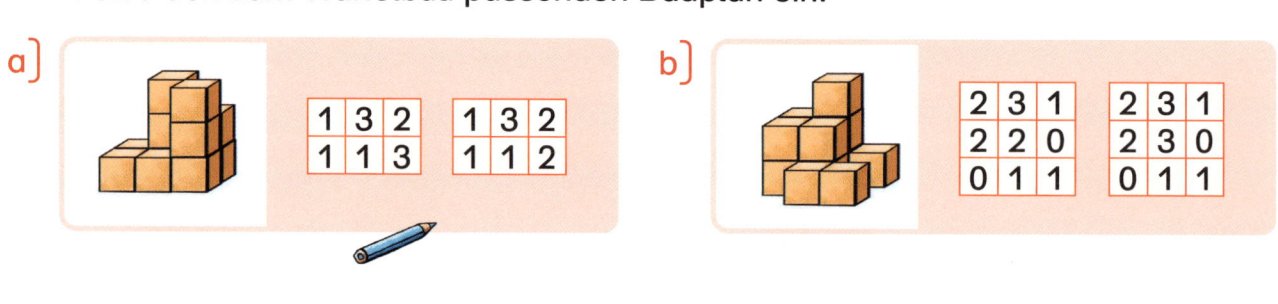

a)

| 1 | 3 | 2 |
| 1 | 1 | 3 |

| 1 | 3 | 2 |
| 1 | 1 | 2 |

b)

2	3	1
2	2	0
0	1	1

2	3	1
2	3	0
0	1	1

4 Erstelle passende Baupläne.

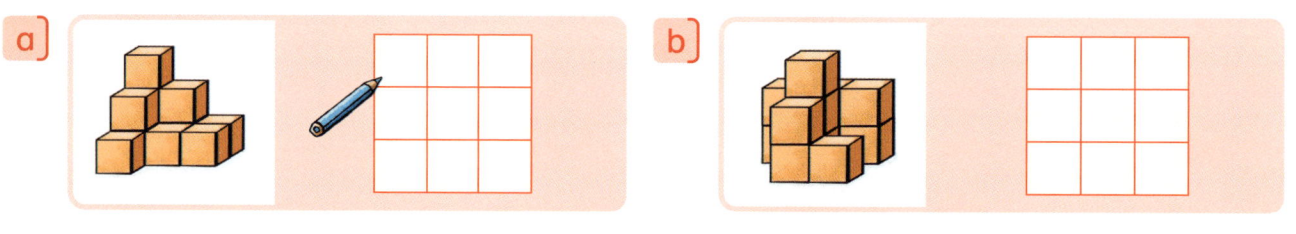

a)

b)

Datum: _____

5 Ordne die gezeichneten Ansichten zu.

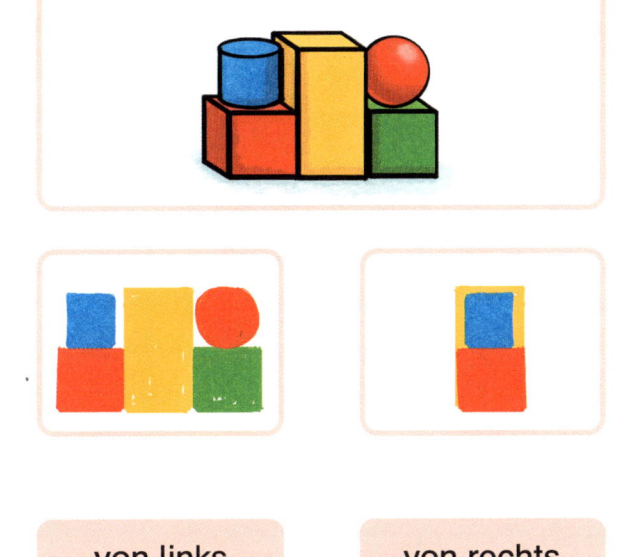

 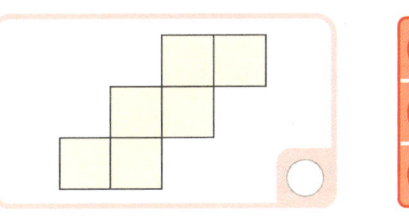

| von vorn | von hinten | von links | von rechts |

6 Betrachte die Zeichnungen. Kreuze die Würfelnetze an.

7 Kippe die Würfel in deiner Vorstellung.
Zeichne immer die Augenzahl auf, die dann oben zu sehen ist.

a 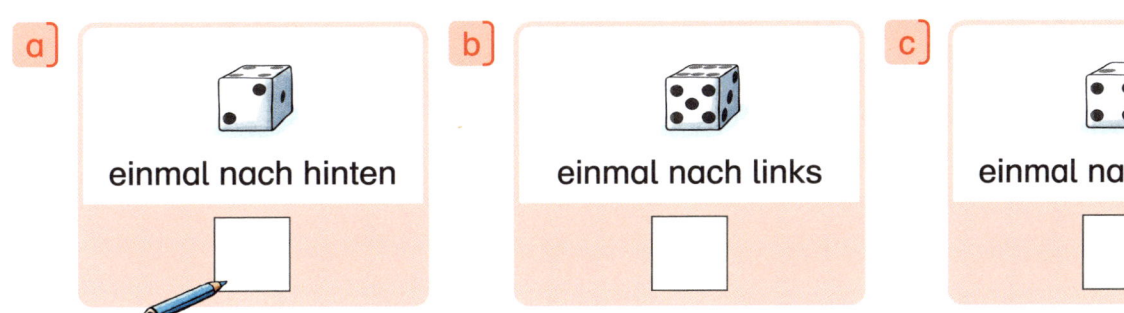 **b** einmal nach links **c**  einmal nach rechts

einmal nach hinten

8 Erkenne die Spielwürfel. Kreuze die Netze an, die zu einem Spielwürfel passen.

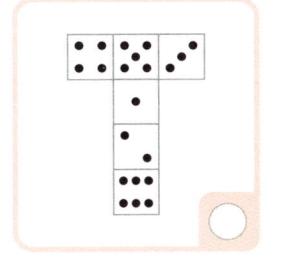 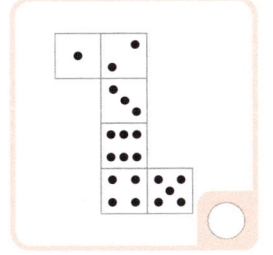 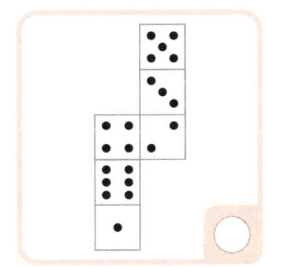 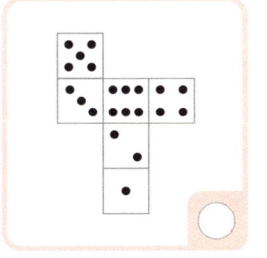

Datum: _____

41

Aufgabe	Kompetenz	sicher	meist	teil-weise	noch nicht	Bemerkungen
1	Geometrische Körper mit Fachbegriffen beschreiben	○	○	○	○	
2	Körper-Rätsel lösen	○	○	○	○	
3	Einem Würfelbau den passenden Bauplan zuordnen	○	○	○	○	
4	Zu einem Würfelbau den passenden Bauplan erstellen	○	○	○	○	
5	Verschiedene Ansichten eines Bauwerks zuordnen	○	○	○	○	
6	Würfelnetze erkennen	○	○	○	○	
7	Nach in der Vorstellung durchgeführten Kippbewegung passendes Würfelbild ermitteln	○	○	○	○	
8	Würfelnetze eines Spielwürfels erkennen	○	○	○	○	

So hast du bei diesem Thema im Unterricht gearbeitet:

Arbeitsweise: ○ selbstständig ○ konzentriert ○ genau

Unterstützungsbedarf: ○ häufig ○ gelegentlich ○ nie

Arbeitstempo: ○ langsam ○ angemessen ○ zügig

Zusätzliche Bemerkungen/Tipps:

Datum: _____

1 Schreibe die Zahlen untereinander. Löse die Aufgaben.

a) 491 – 168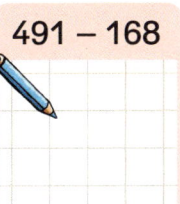

b) 735 – 372

c) 802 – 88

d) 910 – 205

2 Setze die fehlenden Ziffern ein. Denke an die Überträge.

a)

```
   5 8
 –   2 4
 ------
   2 3
```

b)
```
     2
 – 1   5
 ------
   4 8 1
```

c)
```
   9 0
 – 5 3
 ------
     3 4
```

d)
```
     0 3
 –     8
 ------
   5 7
```

3 Bilde aus den Ziffern jeweils die größte und die kleinste Zahl.
Berechne dann die Differenz.

a)

5 1 8

b)

6 7 3

4 Löse die Zahlenrätsel. Rechne schriftlich.

a) Die Zahl erhältst du, wenn du 392 von 624 subtrahierst.

b) Die Zahl ist die Differenz von 817 und 109.

c) Die Zahl ist um 247 kleiner als 538.

d) Die Zahl ist die Differenz von 923 und 658.

5   Löse die Aufgaben. Überprüfe jedes Ergebnis mit der Umkehraufgabe.

a)

```
  7 8 5
- 3 2 7   +
_____
```

b)
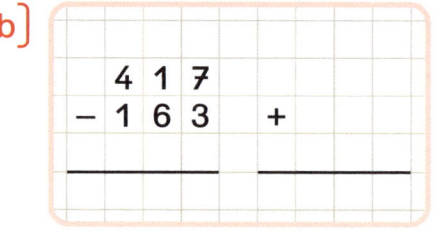

```
  4 1 7
- 1 6 3   +
_____  _____
```

c)
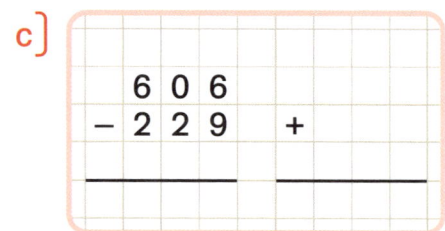

```
  6 0 6
- 2 2 9   +
_____
```

d)
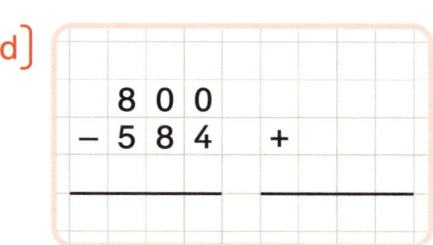

```
  8 0 0
- 5 8 4   +
_____  _____
```

6   Löse die Aufgaben. Schreibe die Überschlagsrechnung (Ü) dazu. Überprüfe zusätzlich die Endziffer (EZ).

a)
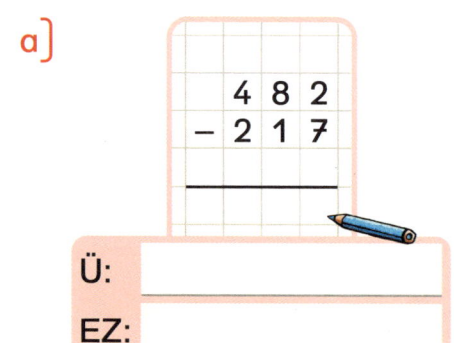

```
  4 8 2
- 2 1 7
_____
```

Ü: _____

EZ: _____

b)
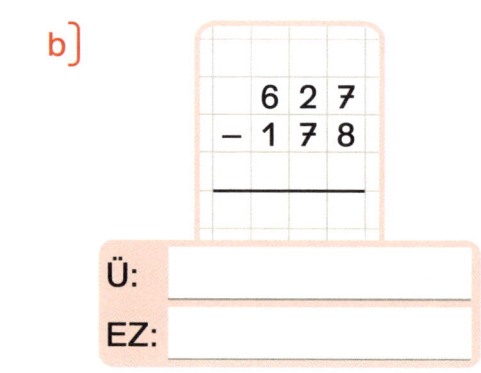

```
  6 2 7
- 1 7 8
_____
```

Ü: _____

EZ: _____

7   Finde die Fehler in den Subtraktionsaufgaben. Gib an, welcher Fehler gemacht wurde. Schreibe bei falsch gelösten Aufgaben die richtige Rechnung auf.

A Tauschen oder Übertrag vergessen

B Zahlen falsch untereinander geschrieben

C Addition statt Subtraktion

D Fehler beim Subtrahieren

a)
```
  4 3 5
- 1 6 1
_____
  5 9 6
```

Fehler: [ ]

b)
```
  6 4 8
-   5 7
     1
_____
    7 8
```

Fehler: [ ]

c)
```
  7 1 9
- 3 2 4
_____
  4 9 5
```

Fehler: [ ]

Datum: _____

Aufgabe	Kompetenz	sicher	meist	teil-weise	noch nicht	Bemerkungen
1	Subtraktionsaufgaben stellengerecht notieren und lösen	○	○	○	○	
2	Fehlende Ziffern ergänzen	○	○	○	○	
3	Ziffernkärtchen nach Vorgaben zusammenstellen Zahlen Subtraktionsaufgaben	○ ○	○ ○	○ ○	○ ○	
4	Zahlenrätsel in passende Subtraktionsaufgaben übertragen und lösen	○	○	○	○	
5	Subtraktionsaufgaben lösen und mit der Umkehraufgabe überprüfen	○	○	○	○	
6	Subtraktionsaufgaben lösen und überprüfen Endziffer Überschlagsrechnung	○ ○	○ ○	○ ○	○ ○	
7	Fehler finden Fehlerbeschreibungen zuordnen Aufgaben korrigieren	○ ○ ○	○ ○ ○	○ ○ ○	○ ○ ○	

So hast du bei diesem Thema im Unterricht gearbeitet:

Arbeitsweise: ○ selbstständig ○ konzentriert ○ genau

Unterstützungsbedarf: ○ häufig ○ gelegentlich ○ nie

Arbeitstempo: ○ langsam ○ angemessen ○ zügig

Zusätzliche Bemerkungen/Tipps:

Datum: _____

1 Wandle um.

a) Schreibe in m und cm.

4,73 m = _____

38,56 m = _____

12,08 m = _____

b) Schreibe in m.

7 m 66 cm = _____

19 m 4 cm = _____

43 m 20 cm = _____

c) Schreibe in cm.

8,41 m = _____

6,27 m = _____

9,04 m = _____

2 Vergleiche die Längenangaben. Setze die Zeichen <, > oder = passend ein.

a) 7 m 20 cm ◯ 7,02 m

2 m 5 cm ◯ 2,05 m

4 m 90 cm ◯ 4,94 m

b) 488 cm ◯ 4,84 m

670 cm ◯ 6,07 m

310 cm ◯ 3,10 m

c) 359 cm ◯ 3 m 59 cm

508 cm ◯ 5 m 80 cm

212 cm ◯ 2 m 21 cm

3 Ordne die Längenangaben.

a) Beginne mit der kleinsten Länge.

| 170 cm | 7,10 m | 1 m 7 cm | 701 cm | 17 cm |

b) Beginne mit der größten Länge.

| 8 m 6 cm | 608 cm | 860 cm | 86 cm | 6,80 m |

4 Löse die Aufgaben.

a) 3 m 40 cm + 2 m 50 cm = _____

4 m 15 cm + 5 m 25 cm = _____

8 m 70 cm + 6 m 45 cm = _____

b) 5,90 m − 2,30 m = _____

8,65 m − 3,55 m = _____

13,25 m − 5,45 m = _____

Datum: _____

5 Miss die Länge der Strecken mit dem Lineal und schreibe sie auf.

a) 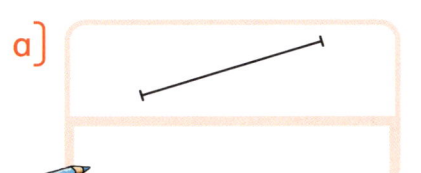   b) 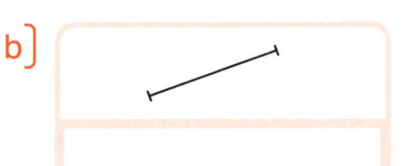   c)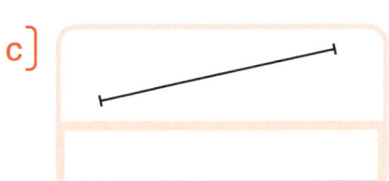

6 Zeichne Strecken mit folgenden Längen.

a) 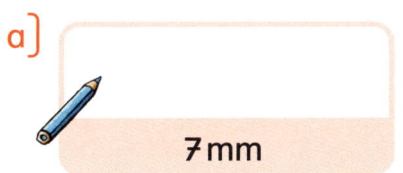 7 mm   b) 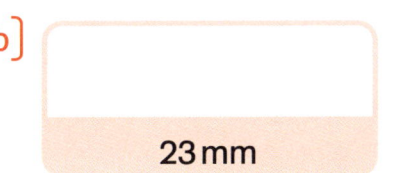 23 mm   c) 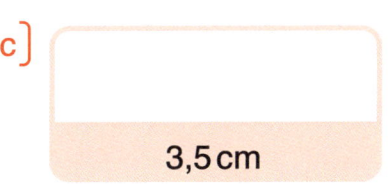 3,5 cm

7 Wandle um. Ergänze die Tabelle.

36 mm				80 mm
	7 cm 8 mm		2 cm 4 mm	
		5,9 cm		

8 Vergleiche die Längenangaben. Setze die Zeichen <, > oder = passend ein.

a) 6,3 cm ◯ 6 cm 3 mm   b) 7 cm 2 mm ◯ 27 mm   c) 4,8 cm ◯ 4 cm 8 mm

2,8 cm ◯ 8 cm 2 mm   1 cm 3 mm ◯ 9 mm   6,9 cm ◯ 9 cm 6 mm

9 Ordne die Längenangaben. Beginne mit der größten Länge.

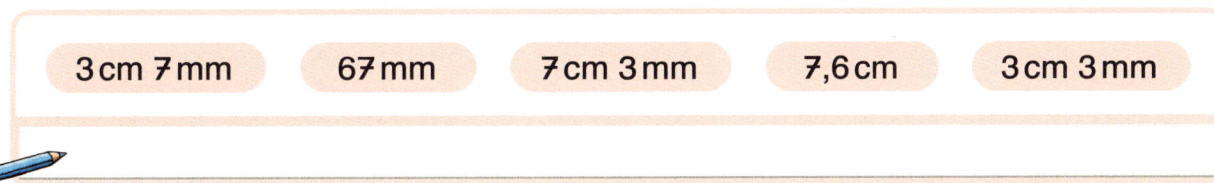
3 cm 7 mm   67 mm   7 cm 3 mm   7,6 cm   3 cm 3 mm

10 Ordne immer die passende Längenangabe zu. Kreuze an.

a) Länge einer Büroklammer   ◯ 30 m   ◯ 3 mm   ◯ 30 cm

b) Breite einer Tür   ◯ 9 cm   ◯ 900 cm   ◯ 90 cm

11 Setze die Maßeinheiten km, m, dm, cm und mm passend ein.

a) Länge eines Bleistiftes: 16 _____

b) Länge eines Autos: 4 _____

c) Breite eines Marienkäfers: 5 _____

d) Länge eines Klebestiftes: 10 _____

e) Strecke, die ein Kind in 15 Minuten zu Fuß zurücklegen kann: 1 _____

12 Ergänze auf volle Zentimeter, Meter oder Kilometer.

1 cm	
7 mm	
0,4 cm	
1 mm	
0,3 cm	
9 mm	

1 m	
64 cm	
0,70 m	
9 dm	
0,05 m	
41 cm	

1 km	
550 m	
275 m	
105 m	
92 m	
18 m	

13 Löse die Aufgaben.
Beachte: Vor dem Rechnen musst du unterschiedliche Längeneinheiten zuerst im Kopf in die gleiche Einheit umwandeln.

a) 2 m 60 cm + 530 cm = _____

5 m 10 cm + 440 cm = _____

3 m 80 cm + 610 cm = _____

b) 8,70 m − 2 m 30 cm = _____

6,50 m − 4 m 40 cm = _____

9,80 m − 3 m 10 cm = _____

14 Ergänze die Aussagen.

Kopfhaare wachsen in einem Monat ungefähr 10 mm.

a) In vier Monaten wachsen die Haare _____ .

b) In einem Jahr wachsen die Haare _____ .

c) In einem Dreivierteljahr wachsen die Haare _____ .

d) Die Haare wachsen 2 cm in _____ Monaten.

e) Die Haare wachsen 8 cm in _____ Monaten.

Datum: _____

Aufgabe	Kompetenz	sicher	meist	teil-weise	noch nicht	Bemerkungen
1	Längenangaben in m und cm umwandeln	○	○	○	○	
2	Längenangaben in unterschiedlichen Schreibweisen vergleichen (m und cm)	○	○	○	○	
3	Längenangaben in unterschiedlichen Schreibweisen der Größe nach ordnen (m und cm)	○	○	○	○	
4	Längenangaben in m und cm addieren und subtrahieren	○	○	○	○	
5	Länge von Strecken in cm und mm messen	○	○	○	○	
6	Strecken mit vorgegebener Länge in cm und mm zeichnen	○	○	○	○	
7	Längenangaben in cm und mm umwandeln	○	○	○	○	
8	Längenangaben in unterschiedlichen Schreibweisen vergleichen (cm und mm)	○	○	○	○	
9	Längenangaben in unterschiedlichen Schreibweisen der Größe nach ordnen (m und cm)	○	○	○	○	
10	Passende Längenangaben zuordnen	○	○	○	○	
11	Bei Längenangaben die passende Maßeinheit ergänzen					
12	Längenangaben auf volle cm, m und km ergänzen					
13	In unterschiedlichen Einheiten vorgegebene Längenangaben in m und cm addieren und subtrahieren					
14	Zu einer vorgegebenen Sachsituation passende Rechnungen finden und Aussagen ergänzen					

So hast du bei diesem Thema im Unterricht gearbeitet:

Arbeitsweise: ○ selbstständig ○ konzentriert ○ genau

Unterstützungsbedarf: ○ häufig ○ gelegentlich ○ nie

Arbeitstempo: ○ langsam ○ angemessen ○ zügig

Zusätzliche Bemerkungen/Tipps:

Datum: _____

1 Löse die Kernaufgaben.

a) 1 · 3 = ☐   b) 2 · 4 = ☐   c) 5 · 3 = ☐   d) 10 · 8 = ☐

1 · 6 = ☐   2 · 8 = ☐   5 · 7 = ☐   10 · 6 = ☐

1 · 9 = ☐   2 · 6 = ☐   5 · 4 = ☐   10 · 9 = ☐

2 Rechne mit den Kernaufgaben.

a)
5 · 9 = ☐
1 · 9 = ☐
6 · 9 = ☐

b)
5 · 8 = ☐
2 · 8 = ☐
7 · 8 = ☐

c)
2 · 6 = ☐
1 · 6 = ☐
3 · 6 = ☐

d)
5 · 7 = ☐
1 · 7 = ☐
4 · 7 = ☐

3 Löse die Malaufgaben.

a) 4 · 6 = ☐   b) 3 · 7 = ☐   c) 7 · 9 = ☐   d) 8 · 7 = ☐

5 · 7 = ☐   6 · 9 = ☐   8 · 3 = ☐   9 · 9 = ☐

8 · 2 = ☐   4 · 4 = ☐   5 · 6 = ☐   6 · 8 = ☐

4 Schreibe zu jedem Bild eine Geteiltaufgabe und eine Malaufgabe.

a)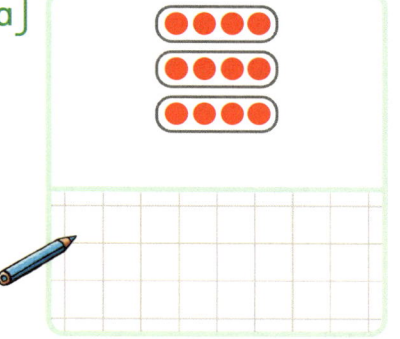

b)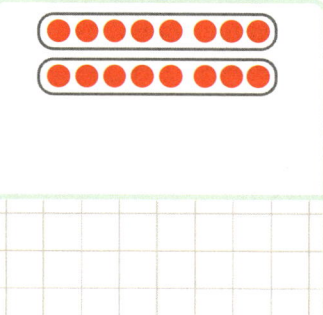

c)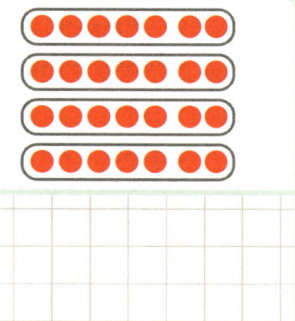

5 Löse die Geteiltaufgaben. Kontrolliere jedes Ergebnis mit der Umkehraufgabe.

a) 24 : 4 = ☐ , denn

b) 42 : 6 = ☐ , denn

c) 72 : 9 = ☐ , denn

Datum: _____

6 Schreibe zu jedem Bild die passende Geteiltaufgabe mit Rest (R).

a]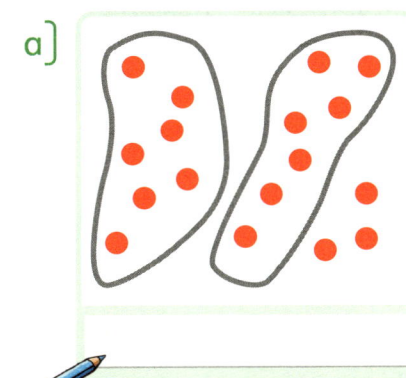

b]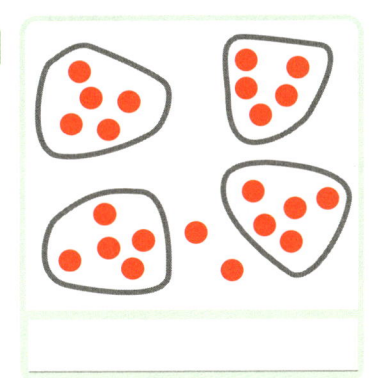

c]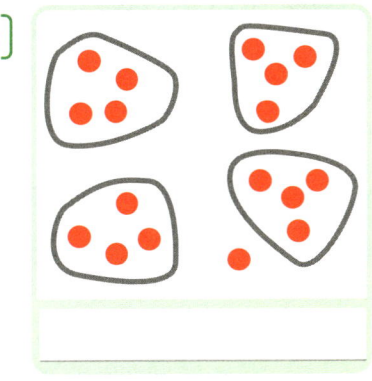

7 Löse die Aufgaben. Löse immer zuerst die obere Aufgabe.

a] $45 : 5 =$ ☐

$47 : 5 =$ ☐ R ☐

b] $24 : 3 =$ ☐

$25 : 3 =$ ☐ R ☐

c] $56 : 8 =$ ☐

$59 : 8 =$ ☐ R ☐

d] $28 : 4 =$ ☐

$30 : 4 =$ ☐ R ☐

e] $72 : 9 =$ ☐

$79 : 9 =$ ☐ R ☐

f] $42 : 7 =$ ☐

$47 : 7 =$ ☐ R ☐

8 Löse die Aufgaben. Kontrolliere jedes Ergebnis mit der Umkehraufgabe.

a] $45 : 6 =$ ☐ R ☐ , denn

_____

b] $26 : 3 =$ ☐ R ☐ , denn

_____

c] $61 : 8 =$ ☐ R ☐ , denn

_____

9 Löse die Aufgaben. Beachte die Punkt-vor-Strich-Regel.

a] $10 + 5 \cdot 5 = 10 + 25 = 35$

$50 - 8 \cdot 3 =$ _____

$13 + 4 \cdot 9 =$ _____

b] $12 + 28 : 7 =$ _____

$39 - 36 : 6 =$ _____

$21 + 45 : 5 =$ _____

10 Finde die passende Aufgabe und löse sie.

a] Dividiere 42 durch 6.

b] Multipliziere 4 mit 9.

c] Wenn du die Zahl durch 5 dividierst, erhältst du 4.

Datum: _____

Aufgabe	Kompetenz	sicher	meist	teil-weise	noch nicht	Bemerkungen
1	Kernaufgaben aus verschiedenen Einmaleinsreihen lösen	○	○	○	○	
2	Mithilfe der Kernaufgaben weitere Einmaleinsaufgaben erschließen	○	○	○	○	
3	Multiplikationsaufgaben aus verschiedenen Einmaleinsreihen lösen	○	○	○	○	
4	Zu Rechenbildern passende Divisions- und Multiplikationsaufgaben finden	○	○	○	○	
5	Divisionsaufgaben lösen und mithilfe der Umkehraufgabe kontrollieren	○	○	○	○	
6	Zu Rechenbildern passende Divisionsaufgaben mit Rest finden	○	○	○	○	
7	Divisionsaufgaben ohne und mit Rest lösen	○	○	○	○	
8	Divisionsaufgaben mit Rest lösen und mithilfe der Umkehraufgabe kontrollieren	○	○	○	○	
9	Die Punkt-vor-Strich-Regel beim Lösen von Aufgaben anwenden	○	○	○	○	
10	Zahlenrätsel mit Fachbegriffen in passende Multiplikations- und Divisionsaufgaben übertragen	○	○	○	○	

So hast du bei diesem Thema im Unterricht gearbeitet:

Arbeitsweise: ○ selbstständig   ○ konzentriert   ○ genau

Unterstützungsbedarf: ○ häufig   ○ gelegentlich   ○ nie

Arbeitstempo: ○ langsam   ○ angemessen   ○ zügig

Zusätzliche Bemerkungen/Tipps:

Datum: _____

1 Schreibe zu jedem Bild eine passende Multiplikationsaufgabe auf.

a]

b]

c]

2 Löse die Aufgaben.

a] $6 \cdot 5 =$ ⬚

$6 \cdot 50 =$ ⬚

b] $8 \cdot 6 =$ ⬚

$8 \cdot 60 =$ ⬚

c] $4 \cdot 9 =$ ⬚

$4 \cdot 90 =$ ⬚

3 Finde und löse zuerst die kleine Aufgabe.

a] ⬚ $\cdot$ ⬚ $=$ ⬚

$3 \cdot 80 =$ ⬚

b] ⬚ $\cdot$ ⬚ $=$ ⬚

$7 \cdot 40 =$ ⬚

c] ⬚ $\cdot$ ⬚ $=$ ⬚

$8 \cdot 90 =$ ⬚

4 Löse zuerst die kleine Aufgabe im Kopf. Löse dann die Aufgabe.

a] $4 \cdot 30 =$ ⬚

b] $9 \cdot 50 =$ ⬚

c] $6 \cdot 80 =$ ⬚

5 Schreibe zu jedem Bild die passende Divisionsaufgabe.

a]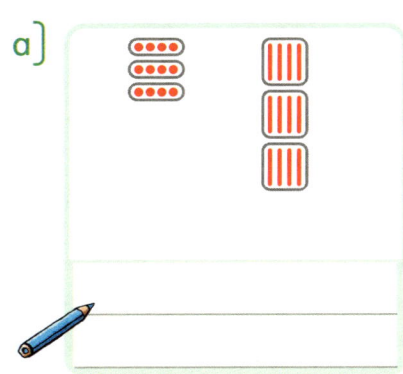

b]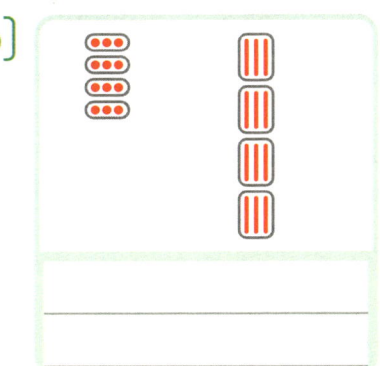

c]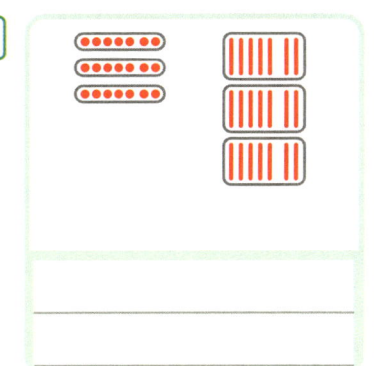

6 Löse die Aufgaben.

a] $40 : 8 =$ ⬚

$400 : 80 =$ ⬚

b] $54 : 9 =$ ⬚

$540 : 90 =$ ⬚

c] $28 : 7 =$ ⬚

$280 : 70 =$ ⬚

Datum: _____

7 Löse zuerst die kleine Aufgabe im Kopf. Löse dann die Aufgaben.

a) 400 : 80 = ☐   b) 540 : 60 = ☐   c) 420 : 70 = ☐

400 : 8 = ☐   540 : 6 = ☐   420 : 7 = ☐

8 Löse die Aufgaben mithilfe der Tauschaufgaben.

a) 30 · 2 = ☐   b) 20 · 4 = ☐   c) 10 · 7 = ☐

300 · 2 = ☐   200 · 4 = ☐   100 · 7 = ☐

9 Löse die Aufgaben mithilfe der Umkehraufgaben.

a) 60 : 30 = ☐   b) 80 : 20 = ☐   c) 90 : 30 = ☐

600 : 300 = ☐   800 : 200 = ☐   900 : 300 = ☐

10 Schreibe passende Rechenaufgaben auf.

a) der 5. Teil von 300   b) das 4-Fache von 60   c) die Hälfte von 280

11 Löse die Zahlenrätsel. Schreibe deine Rechenschritte auf.

a)
Halbiere das 50-Fache von 8.
So erhältst du meine Zahl.

b)
Meine Zahl ist um 50 größer
als das 3-Fache von 200.

c)
Meine Zahl erhältst du,
wenn du zum 6. Teil von 300
noch 250 addierst.

Datum: _____

Aufgabe	Kompetenz	sicher	meist	teil-weise	noch nicht	Bemerkungen
1	Zu Rechenbildern verwandte Multiplikationsaufgaben finden und lösen	○	○	○	○	
2	Verwandte Multiplikationsaufgaben lösen	○	○	○	○	
3	Kleine Aufgaben finden und als Lösungshilfe nutzen	○	○	○	○	
4	Multiplikationsaufgaben mit Zehnerzahlen lösen	○	○	○	○	
5	Zu Rechenbildern verwandte Divisionsaufgaben finden und lösen	○	○	○	○	
6	Verwandte Divisionsaufgaben lösen	○	○	○	○	
7	Divisionsaufgaben mithilfe der verwandten Aufgabe lösen	○	○	○	○	
8	Zehner- und Hunderterzahlen mithilfe der Tauschaufgabe multiplizieren	○	○	○	○	
9	Divisionsaufgaben mit Zehner- und Hunderterzahlen mithilfe der Umkehraufgabe lösen	○	○	○	○	
10	Verbale Beschreibungen in Multiplikations- und Divisionsaufgaben übertragen	○	○	○	○	
11	Zahlenrätsel in zwei nacheinander ausgeführte Rechnungen übertragen	○	○	○	○	

So hast du bei diesem Thema im Unterricht gearbeitet:

Arbeitsweise: ○ selbstständig ○ konzentriert ○ genau

Unterstützungsbedarf: ○ häufig ○ gelegentlich ○ nie

Arbeitstempo: ○ langsam ○ angemessen ○ zügig

Zusätzliche Bemerkungen/Tipps:

Datum: _____

1 Bestimme, wie viel das Gemüse und das Obst jeweils wiegt.

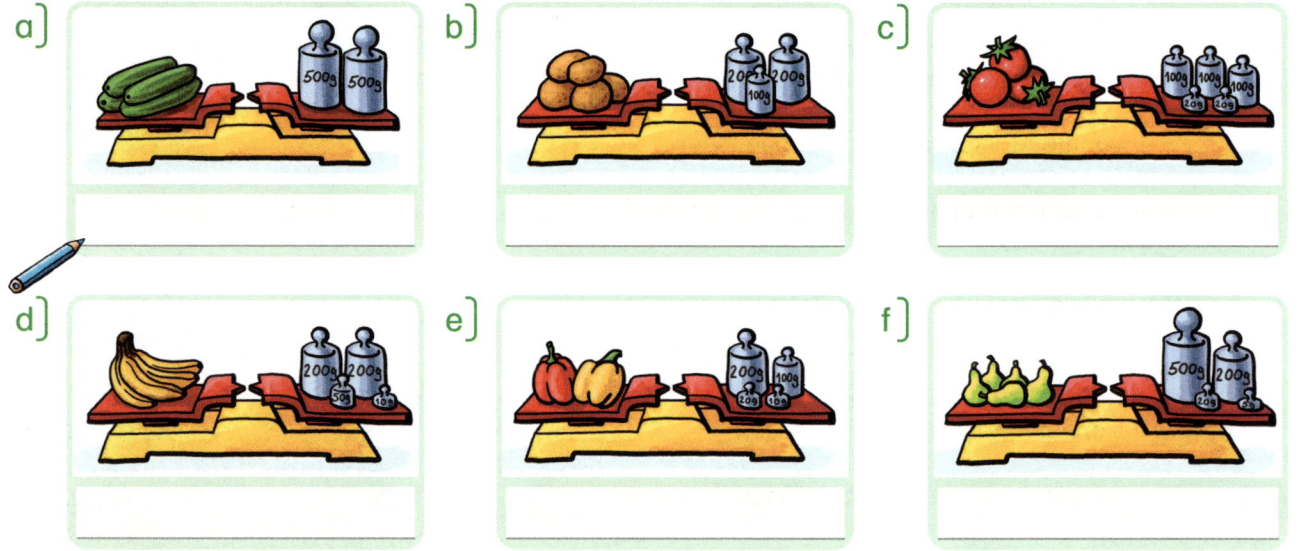

a)   b)   c)

d)   e)   f)

2 Ordne folgenden Dingen die passenden Gewichtsangaben zu. Verbinde.

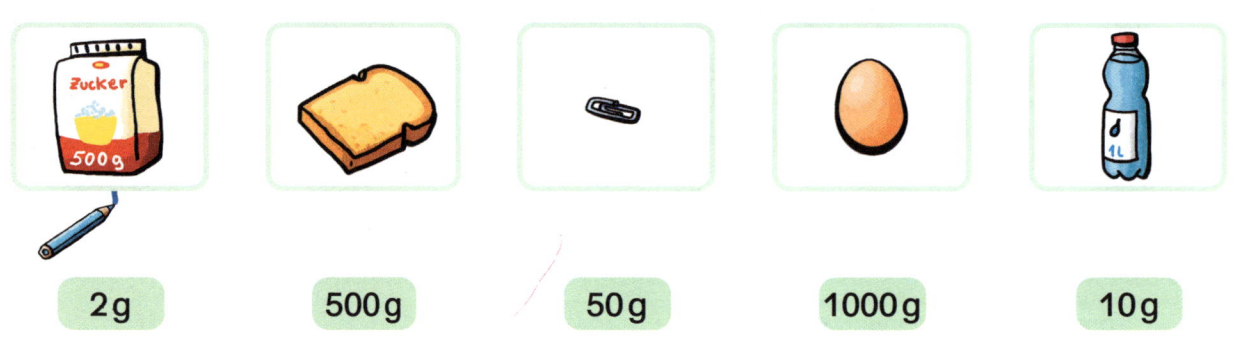

| 2 g | 500 g | 50 g | 1000 g | 10 g |

3 Lies die Gewichtsangaben in der Tabelle ab. Notiere sie auf drei Arten.

kg	100 g	10 g	1 g	
0	4	3	1	0 kg 431 g = 0,431 kg = 431 g
0	5	7	2	
1	8	0	6	
1	0	2	9	

4 Vergleiche. Setze die Zeichen <, > oder = passend ein.

a)   150 g ◯ 510 g

0,625 kg ◯ 625 g

500 g ◯ 1,5 kg

b)   85 g ◯ 0,850 kg

$\frac{1}{2}$ kg ◯ 500 g

420 g ◯ 0,240 kg

c) $1\frac{1}{2}$ kg ◯ 0,800 kg

600 g ◯ $\frac{3}{4}$ kg

1 kg 150 g ◯ 1,510 kg

Datum: _____

5 Ordne die Gewichtsangaben.

a) Beginne mit der
kleinsten Gewichtsangabe.

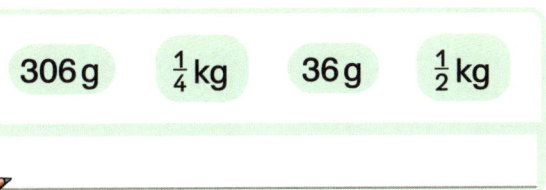

306 g	$\frac{1}{4}$ kg	36 g	$\frac{1}{2}$ kg

b) Beginne mit der
größten Gewichtsangabe.

$\frac{3}{4}$ kg	705 g	0,750 kg	75 g

6 Mit den angegebenen Gewichtsstücken wurde gewogen. Bestimme die Summe.

500 g	200 g	100 g	100 g	50 g	20 g	10 g	10 g	5 g	2 g	2 g	1 g	gesamt
×	×	×			×		×				×	
		×		×		×	×	×			×	
×	×				×			×	×	×		

7 Löse die Aufgaben. Wandle zuerst alle Gewichtsangaben im Kopf in Gramm um.

a) 0,350 kg + 0,150 kg = _____

1,450 kg + 0,210 kg = _____

b) 0,630 kg – 0,330 kg = _____

0,750 kg – 0,240 kg = _____

8 Ordne Tiere und Gewichtsangaben passend zu.

Braunbär	Nashorn	Pottwal	Giraffe

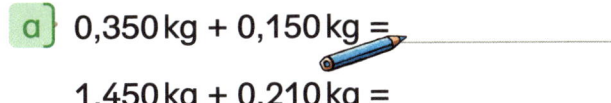

45 t	320 kg	1 t 600 kg	3 t

9 Ergänze auf 1 t.

a) 600 kg + _____ = 1 000 kg

350 kg + _____ = 1 000 kg

b) 720 kg + _____ = 1 t

960 kg + _____ = 1 t

Datum: _____

Aufgabe	Kompetenz	sicher	meist	teil-weise	noch nicht	Bemerkungen
1	Bei abgebildeten Wiegesituationen das Gewicht von Obst und Gemüse bestimmen	○	○	○	○	
2	Passende Gewichtsangaben zuordnen	○	○	○	○	
3	Gewichtsangaben in einer Tabelle ablesen und in unterschiedlichen Schreibweisen notieren	○	○	○	○	
4	Gewichtsangaben in unterschiedlichen Einheiten vergleichen, passende Relationszeichen einsetzen	○	○	○	○	
5	Gewichtsangaben in unterschiedlichen Einheiten der Größe nach ordnen	○	○	○	○	
6	Das Gesamtgewicht anhand angegebener Gewichtsstücke ermitteln	○	○	○	○	
7	Gewichtsangaben in Kommaschreibweise addieren und subtrahieren	○	○	○	○	
8	Gewichtsangaben in t und kg passend zuordnen	○	○	○	○	
9	Gewichtsangaben in kg bis 1000 kg bzw. 1 t ergänzen	○	○	○	○	

So hast du bei diesem Thema im Unterricht gearbeitet:

Arbeitsweise: ○ selbstständig   ○ konzentriert   ○ genau

Unterstützungsbedarf: ○ häufig   ○ gelegentlich   ○ nie

Arbeitstempo: ○ langsam   ○ angemessen   ○ zügig

Zusätzliche Bemerkungen/Tipps:

Datum: _____

1 Löse die Aufgaben. Schreibe deine Rechenschritte auf.

a) $5 \cdot 24 =$ _____

b) $8 \cdot 36 =$ _____

c) $6 \cdot 75 =$ _____

2 Ergänze die fehlenden Zahlen.

a)
$4 \cdot 5 =$ _____
$4 \cdot 50 =$ _____
$4 \cdot$ _____ $= 32$

b)
$7 \cdot 3 =$ _____
$7 \cdot$ _____ $= 420$
$7 \cdot 3 =$ _____

c)
$9 \cdot$ _____ $=$ _____
$9 \cdot$ _____ $= 450$
$9 \cdot$ _____ $= 72$

3 Rechne geschickt. Schreibe deine Rechenschritte auf.

a)
$5 \cdot 29$
$5 \cdot 30 - 5 \cdot 1$
$150 - 5 = 145$

b)
$9 \cdot 41$

c)
$7 \cdot 99$

$4 \cdot 39$

$9 \cdot 32$

$6 \cdot 97$

4 Löse die Aufgaben. Rechne geschickt.
Markiere die Zahlen, die du zuerst multiplizierst.

a) $2 \cdot 15 \cdot 5 =$ _____
   $13 \cdot 4 \cdot 5 =$ _____

b) $7 \cdot 63 \cdot 0 =$ _____
   $8 \cdot 5 \cdot 20 =$ _____

c) $25 \cdot 2 \cdot 6 =$ _____
   $3 \cdot 50 \cdot 4 =$ _____

5 Hier sind zwei Aufgaben falsch. Finde sie mithilfe der Überschlagsrechnung.

a) $6 \cdot 38 = 328$

b) $7 \cdot 52 = 364$

c) $87 \cdot 4 = 428$

 _____

Datum: _____

6 Löse die Aufgaben. Zerlege in zwei Teilaufgaben.

a]
70 : 5 =

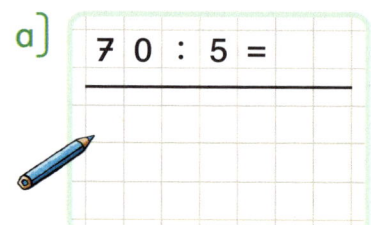

b]
64 : 4 =

c]
84 : 7 =

7 Ergänze die fehlenden Zahlen.

a]
45 :　　=
30 :　　= 1 0
　　:　　=

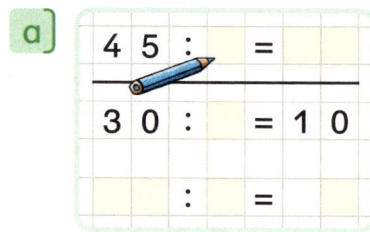

b]
96 :　　=
60 :　　= 1 0
　　:　　=

c]
98 :　　=
70 :　　= 1 0
　　:　　=

8 Löse die Zahlenrätsel.

a] Wenn du die Zahl durch 3 dividierst, erhältst du als Quotienten 12.

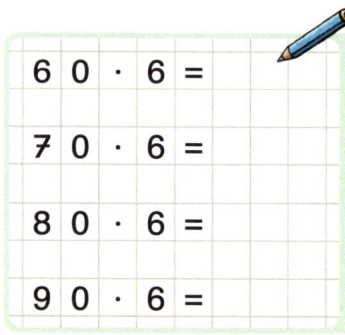

b] Wenn du die Zahl durch 5 dividierst, erhältst 14.

c] Wenn du die Zahl durch 7 dividierst, erhältst du als Quotienten 11.

9 Löse zuerst die Multiplikationsaufgaben.
Suche bei den Divisionsaufgaben zuerst die größte Zahl, die du gut dividieren kannst.

60 · 6 =

70 · 6 =

80 · 6 =

90 · 6 =

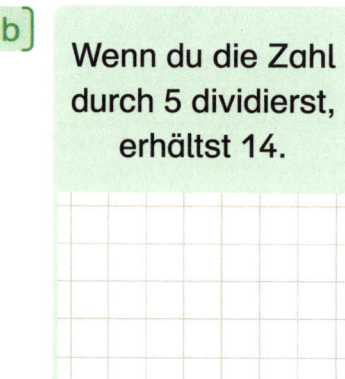

378 : 6 =
　　: 6 =
　　: 6 =

504 : 6 =
　　: 6 =
　　: 6 =

Datum: _____

10 Löse die Aufgaben in Schritten.
Suche zuerst die Aufgabe aus dem Zehnereinmaleins.

a] 4 8 8 : 8 = _____

b] 2 1 2 : 4 = _____

c] 2 9 4 : 7 = _____

11 Löse die Aufgaben. Kontrolliere mit der Umkehraufgabe.

8 6 : 6 = _____

· = _____

9 3 : 4 = _____

· = _____

8 9 : 7 = _____

· = _____

12 Löse die Aufgaben. Setze die Zeichen <, > oder = passend ein.

a] 3 · 13 ◯ 36

5 · 12 ◯ 58

7 · 21 ◯ 147

b] 56 : 4 ◯ 14

66 : 3 ◯ 23

72 : 6 ◯ 11

c] 210 · 4 ◯ 820

130 · 3 ◯ 400

110 · 9 ◯ 990

13 Setze passende Zahlen ein.

a] 4 · ☐ > 60

6 · ☐ = 72

b] ☐ · 22 < 85

☐ · 14 = 42

c] 420 : ☐ > 60

84 : ☐ = 12

Datum: _____

Aufgabe	Kompetenz	sicher	meist	teil-weise	noch nicht	Bemerkungen
1	Zweistellige Zahlen schrittweise multiplizieren, Rechenschritte notieren	○	○	○	○	
2	Beim schrittweisen Multiplizieren fehlende Zahlen ergänzen	○	○	○	○	
3	Rechenschritte zum Vereinfachen von Aufgaben finden und notieren	○	○	○	○	
4	Multiplikationsaufgaben mit drei Faktoren geschickt lösen	○	○	○	○	
5	Falsch gelöste Aufgaben mithilfe der Überschlagsrechnung finden	○	○	○	○	
6	Zweistellige Zahlen schrittweise dividieren, Rechenschritte notieren	○	○	○	○	
7	Beim schrittweisen Dividieren fehlende Zahlen ergänzen	○	○	○	○	
8	Zahlenrätsel in passende Divisionsaufgaben übertragen	○	○	○	○	
9	Dreistellige Zahlen mithilfe von vorgegebenen Aufgaben aus dem Zehnereinmaleins in zwei Schritten dividieren.	○	○	○	○	
10	Dreistellige Zahlen mithilfe selbst gefundener Aufgaben aus dem Zehnereinmaleins in zwei Schritten lösen	○	○	○	○	
11	Divisionsaufgaben in zwei Schritten lösen und mithilfe der Umkehraufgabe kontrollieren	○	○	○	○	
12	In Gleichungen und Ungleichungen passende Relationszeichen einsetzen	○	○	○	○	
13	In Gleichungen und Ungleichungen passende Zahlen einsetzen	○	○	○	○	

So hast du bei diesem Thema im Unterricht gearbeitet:

Arbeitsweise: ○ selbstständig ○ konzentriert ○ genau

Unterstützungsbedarf: ○ häufig ○ gelegentlich ○ nie

Arbeitstempo: ○ langsam ○ angemessen ○ zügig

Zusätzliche Bemerkungen/Tipps:

Datum: _____

1 Bestimme die Geldbeträge.

a]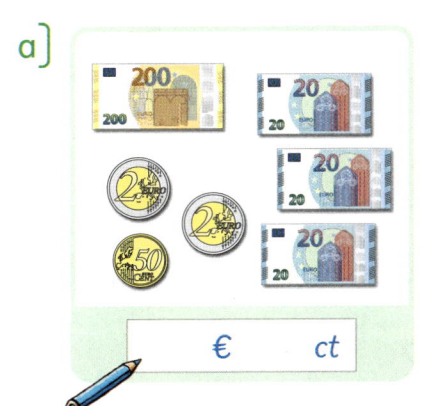

_____ € _____ ct

b]

_____

c]

_____

2 Stelle die angegebenen Geldbeträge auf unterschiedliche Weise zusammen.
Finde passende Scheine und Münzen.

a]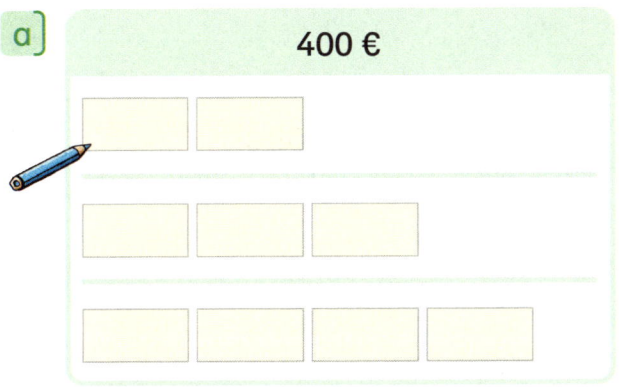
400 €

b]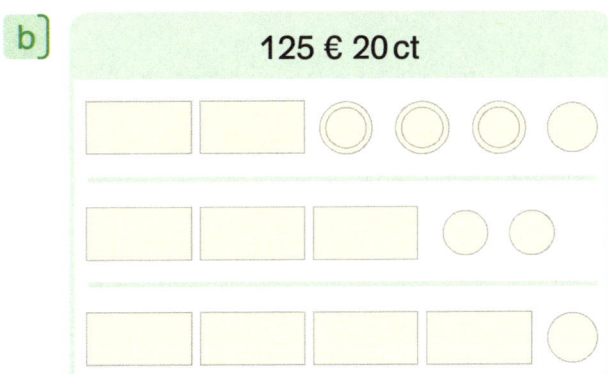
125 € 20 ct

3 Wandle um. Ergänze die Tabelle.

625 ct			20 ct		
6 € 25 ct	3 € 78 ct				0 € 6 ct
6,25 €		4,19 €		7,92 €	

4 Vergleiche die Geldbeträge. Setze die Zeichen <, > oder = passend ein.

a] 438 ct ◯ 4,38 €   b] 6,10 € ◯ 601 ct   c] 0 € 7 ct ◯ 0,07 €

d] 5 € 29 ct ◯ 592 ct   e] 48 € 9 ct ◯ 48,90 €   f] 713 ct ◯ 7,31 €

5 Ordne die Geldbeträge. Beginne mit dem kleinsten Betrag.

480 ct   4 € 8 ct   408 €   4,84 €   48,40 €

Datum: _____

6 Ergänze zum nächsten vollen Euro-Betrag.

a) 4,55€ + _____ = _5€_   b) 2,30€ – _____ = _2€_

0,09€ + _____ = _____   9,84€ – _____ = _____

6,31€ + _____ = _____   1,47€ – _____ = _____

7 Löse die Aufgaben in Schritten oder schriftlich. Schreibe deine Rechnungen auf.

a) 5,45€ + 3,20€

3,67€ + 5,58€

b) 9,85€ – 4,50€

8,14€ – 6,08€

c) 4 · 8,60€

6,30€ : 9

8 Schreibe zu jeder Rechengeschichte (G) die Rechnung (R) und die Antwort (A) auf.

a) G: Tim kauft einen Tischtennisschlä-
ger für 16,40€ und eine Packung
Tischtennisbälle für 14,60€.
F: Wie viel kostet es insgesamt?

R: _____

A: _____

b) G: Lisa geht mit ihren Eltern ein
Eis essen. Ein Eis mit 3 Kugeln
kostet 4,50€.
F: Wie viel kostet eine Kugel Eis?

R: _____

A: _____

Datum: _____

Aufgabe	Kompetenz	sicher	meist	teil-weise	noch nicht	Bemerkungen
1	Mit Scheinen und Münzen dargestellte Geldbeträge in Euro und Cent bestimmen	○	○	○	○	
2	Geldbeträge auf unterschiedliche Weise nach Vorgabe zusammenstellen	○	○	○	○	
3	Geldbeträge auf unterschiedliche Weise notieren	○	○	○	○	
4	Geldbeträge in unterschiedlicher Schreibweise vergleichen und passende Relationszeichen einsetzen	○	○	○	○	
5	Geldbeträge in unterschiedlicher Schreibweise der Größe nach ordnen	○	○	○	○	
6	Geldbeträge in Kommaschreibweise bis zum nächsten vollen Eurobetrag ergänzen	○	○	○	○	
7	Rechenaufgaben mit Geldbeträgen in Kommaschreibweise in Schritten oder schriftlich lösen	○	○	○	○	
8	Zu Rechengeschichten passende Rechenaufgaben und Antwortsätze finden	○	○	○	○	

So hast du bei diesem Thema im Unterricht gearbeitet:

Arbeitsweise: ○ selbstständig ○ konzentriert ○ genau

Unterstützungsbedarf: ○ häufig ○ gelegentlich ○ nie

Arbeitstempo: ○ langsam ○ angemessen ○ zügig

Zusätzliche Bemerkungen/Tipps:

Datum: _____

1 Lisa geht Fußball spielen. Finde alle Möglichkeiten wie sich Lisa mit ihren Trikots, Sporthosen und Fußballschuhen anziehen kann.

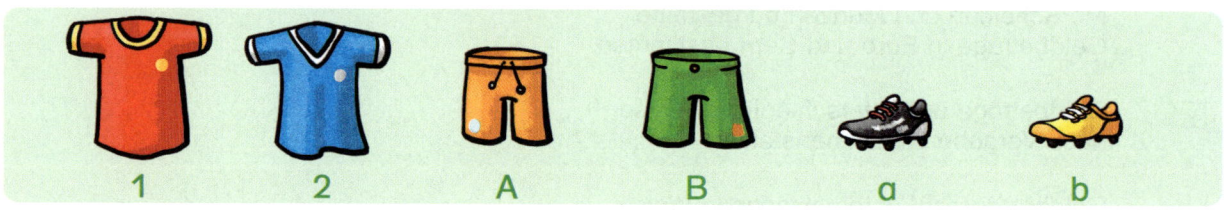

1   2   A   B   a   b

a) Ergänze das Baumdiagramm. Benutze die Zahlen und Buchstaben unter den Bildern.

b) Wie viele Möglichkeiten gibt es für Lisa sich anzuziehen? Lies die Anzahl der Möglichkeiten an deinem Baumdiagramm ab.

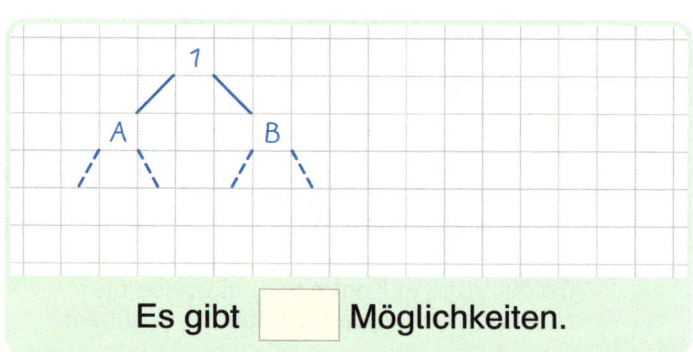

Es gibt ☐ Möglichkeiten.

c) Lisa besitzt noch ein gelbes Fußball-Trikot. Überlege, wie viele Möglichkeiten es nun für Lisa insgesamt gibt.

Es gibt ☐ Möglichkeiten.

2 Lisa nimmt mit verbundenen Augen fünf Kugeln aus einem Gefäß. Entscheide, ob die Aussage sicher, möglich oder unmöglich ist.

	sicher	möglich	unmöglich
Zwei Kugeln sind blau und drei sind rot.	○	○	○
Alle fünf Kugeln sind blau.	○	○	○
Mindestens eine Kugel ist rot.	○	○	○
Drei Kugeln sind rot und zwei sind gelb.	○	○	○
Alle fünf Kugeln sind rot.	○	○	○

3 Ole nimmt mit verbundenen Augen sechs Kugeln aus einem Gefäß. Finde eine Aussage, die …

a) … sicher ist:  _____

b) … möglich ist: _____

c) … unmöglich ist: _____

Datum: _____

4 Zeichne in das Gefäß Kugeln, die zu der Aussage passen.

Lena nimmt fünf Kugeln aus dem Gefäß.
Es ist sicher, dass zwei Kugeln grün sind
und eine Kugel gelb.

5 Ergänze die Aussagen. Verwende die Begriffe sicher, möglich oder unmöglich.

a]

Dass Gelb gewinnt,
ist _____.

b]

Dass Blau gewinnt,
ist _____.

c]

Dass Gelb gewinnt,
ist _____.

6 Ordne zu.

Die Chance, dass Blau gewinnt,
ist größer als die Chance, dass Gelb gewinnt.

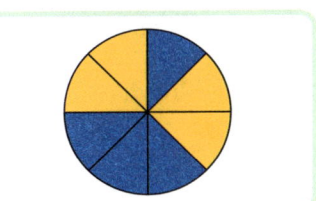

Die Chance, dass Gelb gewinnt, ist genauso
groß wie die Chance, dass Blau gewinnt.

Die Chance, dass Blau gewinnt,
ist kleiner als die Chance, dass Gelb gewinnt.

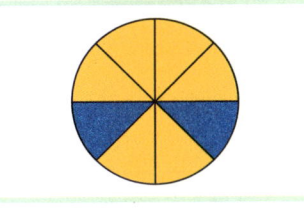

7 Zeichne ein Glücksrad, bei dem …

a … Gelb und Blau
etwa gleich große
Chancen haben,
zu gewinnen.

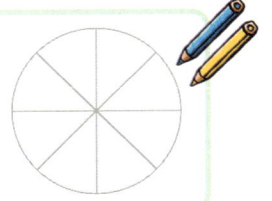

b … Gelb eine
große Chance
hat, zu gewinnen.

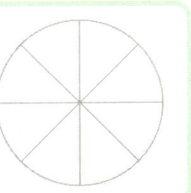

Datum: _____

Aufgabe	Kompetenz	sicher	meist	teil-weise	noch nicht	Bemerkungen
1	Anzahl aller Kombinationsmöglichkeiten					
a	in einem Baumdiagramm darstellen	○	○	○	○	
b	in einem Baumdiagramm ablesen	○	○	○	○	
c	Lösung auf erweiterte Aufgabenstellung übertragen	○	○	○	○	
2	Die Wahrscheinlichkeit von Handlungsergebnissen bewerten	○	○	○	○	
3	Zu einem vorhergesagten Handlungs-ergebnis passende Aussagen formulieren	○	○	○	○	
4	Eine zum vorhergesagten Handlungsergebnis passende Ausgangssituation finden und zeichnen	○	○	○	○	
5	Die Gewinnchancen von Glücksrädern bewerten	○	○	○	○	
6	Vorgegebenen Gewinnchancen passende Glücksräder zuordnen	○	○	○	○	
7	Zu vorgegebenen Gewinnchancen Glücksräder passend einfärben	○	○	○	○	

So hast du bei diesem Thema im Unterricht gearbeitet:

Arbeitsweise: ○ selbstständig ○ konzentriert ○ genau

Unterstützungsbedarf: ○ häufig ○ gelegentlich ○ nie

Arbeitstempo: ○ langsam ○ angemessen ○ zügig

Zusätzliche Bemerkungen/Tipps:

Datum: _____